U0463584

国家出版基金项目
NATIONAL PUBLICATION FOUNDATION

辛亥著名人物传记丛书

肖杰 著

胡汉民

团结出版社
UNITY PRESS

图书在版编目（ＣＩＰ）数据

胡汉民 / 肖杰著. -- 北京 ：团结出版社，2011.6
（辛亥著名人物传记丛书）（2021.5 重印）
ISBN 978-7-5126-0423-0

Ⅰ．①胡… Ⅱ．①肖… Ⅲ．①胡汉民（1879～1936）
—传记 Ⅳ．①K827=6

中国版本图书馆 CIP 数据核字(2011)第 073758 号

出　版：团结出版社
　　　　（北京市东城区东皇城根南街 84 号　邮编：100006）
电　话：(010) 65228880　65244790　（出版社）
　　　　(010) 65238766　85113874　65133603（发行部）
　　　　(010) 65133603（邮购）
网　址：http://www.tjpress.com
E-mail：zb65244790@vip.163.com
　　　　tjcbsfxb@163.com（发行部邮购）
经　销：全国新华书店
印　装：三河市东方印刷有限公司

开　本：170mm×240mm　　16 开
印　张：15.5
字　数：201 千字
版　次：2011 年 6 月　第 1 版
印　次：2021 年 5 月　第 3 次印刷

书　号：978-7-5126-0423-0
定　价：46.00 元
（版权所属，盗版必究）

辛亥著名人物传记丛书
编辑委员会

顾　　　问：金冲及　章开沅　李文海

主　　　任：修福金

副　主　任：李惠东　王大可　郑大华

执 行 主 编：王大可

执行副主编：唐得阳　梁光玉

编 辑 人 员：赵广宁　唐立馨　傅雪莎

　　　　　　张　阳　郭　强　朱利国

　　　　　　赵晓丽　王海燕

辛亥著名人物传记丛书
总序言

　　整整一百年前，在中国处于半殖民地半封建黑暗统治的时代，爆发了一场对中国历史发展进程产生巨大影响的革命，这就是以伟大的革命先行者孙中山为代表的革命党人发动的辛亥革命。这场革命，是中国近代历史上一次比较完全意义的反帝反封建的民族民主革命，它推翻了清朝政府，结束了中国几千年的封建君主专制制度，同时沉重打击了帝国主义在华侵略势力。中华民国的建立，标志着中国历史进步的新纪元。辛亥革命极大地推动了中华民族的思想解放，为中国先进分子探索救国救民的道路打开了新的视野，八年后，五四运动爆发；十年后，中国共产党诞生。辛亥革命开启的革新开放之门，对于推动中国社会的发展与进步具有不可估量的历史功绩和伟大意义。

　　以孙中山为代表的革命党人，在开启思想闸门、传播先进思想、点燃革命火种、推动历史进步的过程中发挥了重要作用。他们站在时代前列，为追求民族独立和民主自由而向反动势力宣战；他们不惜流血牺牲，站在斗争一线浴血奋战；他们具有坚定的信念和坚强的意志，愈挫愈奋，在失败中不断汲取和凝聚新的力量；他们适应历史发展的趋势，与时俱进，不断修正前进的方向和斗争的目标。正是因为有了这样一批革命先驱和仁人志士，才有了辛亥革命的爆发，也才有了以此为开端的中国民族民主革命的不断发展和最终胜利。当然，我们在分析评价历史人物时，既要看到他们有超越时代的进步性，又要看到他们不可避免地受到社会客观条件影响而具有的局限性与片面性，这是我们在看待历史人物时应当坚持的历史唯物主义态度，也就是既不文过饰非，也不苛求前人。

几十年来，关于辛亥革命及其重要人物的研究工作不断深入，也陆续出版了大量的图书、画册等，但仍然不十分系统和完整，有些出版物受到时代因素和其他客观条件的影响，难免有失偏颇和疏漏。在即将迎来辛亥革命100周年的时刻，团结出版社编辑出版了本套《辛亥著名人物传记丛书》，并得到国家出版基金的资助，这充分表明了国家对于辛亥革命历史研究的重视。这套丛书的出版，无疑是一件非常有意义的事，既可以对辛亥革命的研究工作起到重要的填补空白和补充资料的作用，同时也是对立下丰功伟绩的仁人志士的纪念与缅怀。

为了保证本套丛书的编辑质量，编辑委员会在民革中央的领导下，做了大量认真细致的组织工作，特别是邀请了著名专家金冲及先生、章开沅先生、李文海先生担任顾问，他们在百忙之中分别对本套丛书的编辑思想、人物范围、框架体例、写作要求等方面提出了重要的指导性意见，成为本套丛书能够高质量出版的重要保证。此外，参与本套丛书写作的，都是在近代历史和人物的研究方面卓有建树的专家学者，他们既有对辛亥革命历史进行深入研究的学术功底，又有较丰富的写作经验和较高的文字水平，因此，我们可以寄希望于本套丛书的出版，会对推动辛亥革命及其重要人物研究工作的不断深入起到重要作用，对弘扬爱国主义、提高民族凝聚力，实现中华民族的伟大复兴产生积极的影响。

周铁农

2011 年 3 月 16 日

目　录

引　言

胡汉民（1879—1936），字展堂，原名衍鹳、衍鸿，晚年别号"不匮室主"，汉民是他加入同盟会后在《民报》上撰文所用的笔名。他是资产阶级民主革命的理论宣传者、政治活动家，民国时期成为国民党右派。同时他也是诗人，写的隶书很有特色，被称为"民国四大书法家"之一。

胡汉民出生在一个小幕僚之家，家境较为贫寒，少虽聪慧，但家中无力为之延请塾师，只好在母亲文氏做家务之余教他认字读诗。8 岁时才与兄一起去私塾读书。但是不幸接踵而至，13 岁父丧，15 岁母亡，一家兄妹生活的重担便落在了胡清瑞、胡汉民兄弟两个人的身上，二人只好一面课徒自给，一面艰难求学。青幼时艰难的经历，磨炼出坚韧不屈的性格。

胡汉民有两次留学日本的经历，第一次留学时间很短，第二次留学期间结识了孙中山，并加入了同盟会，这也成为其人生的转折点。加入同盟会后，很快成为孙中山所信赖的助手。在辛亥革命之前的资产阶级民主主义革命中，胡汉民主要革命工作体现在两个方面，一是编辑同盟会的机关报《民报》，并撰写很多文章，阐释宣传孙中山的三民主义，同时在与康有为、梁启超等的保皇党人论战中，发挥了重要作用。尤其是他对孙中山三民主义的宣传和阐释，在当时革命党人中无人能出其右，可谓著名的三民主义理论宣传家。另外，他还筹划、参与了多次武装起义，黄冈起义、惠州起义、防城起义、钦廉上思起义、河口起义、广州新军起义等，多次到南洋等地进行革命宣传和筹款，为革命四处奔波。武昌起义爆发后，胡汉民从南洋回到国内，促成了广东的独立，并被推选为广东光复后的第一任都督。孙中山就任南京临时政府临时大总统后，他担任临时政府秘书长，为孙中山处理文件，并与孙中山同住在总统府，俨然"第二总统"。

南京临时政府解散后，胡汉民回到广东，复任广东都督。但不久爆发二次革命，在二次革命爆发前被袁世凯下令免除广东都督职务，二次革命失败后，与孙中山流亡到日本，随后与孙中山一起领导了反袁的护国战争，后又参与护法战争，先后担任过军政府的交通总长、大元帅府的总参议兼文官长及政治部部长、广东省省长等职。在国民党改组过程中，胡汉民支持孙中山的联俄、联共、扶助农工的三大政策，极力促成国民党成功改组，颇得孙中山的信任和依赖，先后三次被孙中山委以代表自己行使职权之重任。

孙中山逝世之后，大元帅府改组为中华民国政府，胡汉民任外交部部长。不久，因廖仲恺被刺案，被迫去苏俄考察，回国后，与蒋介石合作筹建了南京国民政府，并担任国民政府主席。此后成为国民党右派的实力人物，在蒋介石"清党"运动中，发挥其理论家的作用，制定"清党"的原则，并进行理论上的"清党"。但时间不长，便随同蒋介石一同下野，并赴欧洲考察。从欧洲回来后，与蒋介石再次合作，任立法院院长，主张国民党党治，极力推进立法工作。由于在制定约法问题上，与蒋介石发生矛盾，被蒋介石软禁于南京汤山。汤山事件促反蒋派大联合，迫使蒋介石第二次下野。此时值"九一八"事变爆发，被释后的胡汉民坚持抗日、反蒋、"剿共"的"三大主张"。汤山事件是胡汉民政治生涯的分界线，一直到1936年5月病逝再没有实际入主国民党及国民政府的中枢。

作为理论家、宣传家的胡汉民，先后参与办过《岭海报》《民报》《中兴日报》《民国》《建设》《三民主义月刊》等报刊，撰写过很多文章，其文章主要被收录在《胡汉民先生文集》。作为诗人，他的诗作收录在《不匮室诗抄》中。

胡汉民

第一章

勤思好学之青少年

年少聪颖好学，深得父母疼爱

遭不幸，舌耕砚耕挑养家重担

游学执教，探寻救国之路

一、年少聪颖好学，深得父母疼爱

胡汉民，原名衍鹤，后改名衍鸿，字展堂，别号"不匮室主"。汉民是他在主编同盟会的机关报《民报》上著文使用的笔名，取意"不做'满清'的顺民，要做大汉之民"。因当时其文影响很大，遂取代其原名被时人使用，他也乐享此名。

1879年12月9日（清光绪五年十月二十六日），胡汉民出生于广东番禺。

胡家原籍江西庐陵县延福乡青山村，至其祖父胡燮三始宦游广东客居于此，其父胡文照子承父业，先后在广东的博罗、茂名、德庆等县当刑名师爷，即在官署中负责处理刑事判牍的幕僚。其母文氏，乃江西望族出身，受过良好的教育，不仅能够作诗，而且还通音乐和围棋。她随夫流寓奔波，勤俭持家，甘守清贫。

他的父亲虽然是个很称职的幕僚，但生性廉介，是非分明，不委曲求全、卑躬屈膝，因此宦游奔波，加上生育了七个子女，家境较为贫寒。好在他的母亲勤俭持家，日子还过得去。胡汉民在兄弟姐妹中，排行第四。由于他生得眉清目秀，又聪慧好学，深得父母疼爱。

胡汉民秉承了父母的天资，幼年就表现出超常的记忆力和理解力。5岁时，母亲教他王安石的一首七律诗《茅詹》，只一遍他就过目不忘，能够背诵下来，并能够理解。

胡汉民在8岁之前，是在随父漂泊迁移中度过的，先后在广州、博罗、高州客居。8岁时，全家随父又迁回他的出生地广州番禺，在老城仓边街（今仓边路）附近租屋住下。回到广州后，因家境无力为孩子们聘请私塾先生，胡汉民只好先与哥哥胡清瑞一同到离家较近的宿儒张德瀛开设的私塾——张馆读书，后又跟随宿儒任穆臣游学。

胡汉民聪慧好学，他十一二岁，遍读十三经及各类史书，日诵数千言，而且还能写出"斐然可观"的古文。13 岁时写的一首五言诗《种竹》，就已显露出他聪颖为文的才气。

种竹北窗前，萧萧清香发；

本以招凉风，反教蔽明月。

（引自胡汉民《不匮室诗抄》，后文中未注明出处的传主的诗均引自此书）

12 岁之前的胡汉民是在父母疼爱中快乐地度过的。有知书识礼的慈母疼爱呵护，有刚直不阿的父亲教诲指导，他的童年其乐融融，家庭温馨，清贫而愉快。

父母是孩子人生的第一导师。父亲胡文照的恃才傲物、耿介不阿、寡欲养廉，母亲胡文氏的贤惠善良，都在年少的胡汉民心中留下了深深的印记。在《胡汉民自传》中记述童年时代的两件事，颇能说明这一点。

胡汉民 6 岁时，随父母从博罗往高州。路上，父亲雇了几个挑夫搬运行李。挑夫中有一个是"夫头"，他经常克扣其他挑夫的工钱，并且在途中经常一个人跑到大烟馆里吞云吐雾，挑夫们稍有怨言，他就厉声叱骂，挑夫们便噤若寒蝉，不敢再吱声了。年幼的胡汉民觉得挑夫们很懦弱，明明是自己劳动应该得到的工钱，却不能够分文不少地拿到，反倒要被克扣工钱的人叱骂。虽然当时胡汉民还无法从整个民族懦弱性来分析，这不仅仅是几个挑夫的懦弱，但对这件事的深刻记忆，说明他年幼就具有朴素的同情心和正义感。

另一件记忆深刻的事发生在胡汉民 7 岁时。在高州，胡汉民一家住在高州府衙里。一天，胡汉民从府衙的审讯处经过，突然听见有人像杀猪一般号叫，仔细一看，原来是衙役在拷打犯人，犯人无法忍受疼痛，才发出了凄惨的号叫声。看到这样的残暴场面，他吓得忙掩耳避走，此后连续数月，不敢再从府衙的审讯处门口经过。刑讯逼供，乃古代传统社会"刑治"之常态，与理性、人道、法治相背离，幼年的胡汉民深记此事，说明他有恻隐之心，心存善良。

童年时的这两件事，对胡汉民影响至深，他看到了人世间不公平的一面，痛恨而欲改变，并使他萌生了爱国反清思想，后来发展为革命思想。

二、遭不幸，舌耕砚耕挑养家重担

由于性格原因，父亲胡文照在幕僚的职业中过得也不是很快乐，加上家境清贫，数度迁徙，他的身体每况愈下。

1891年，胡汉民13岁时，父亲患病，就医数月，仍不见起色。这一年的秋天，父亲病逝。

胡汉民对父亲非常孝顺，父亲生病本已寝食难安，又突遭不幸病逝，他更是既悲且愤，因为在父亲患病期间，哥哥曾怀疑医生的医术，遭到父亲的斥骂。而数月间父亲就撒手人寰，胡汉民在哀伤和悲愤中认定父亲之死是庸医所致，于是在极度悲愤中竟拿起菜刀欲杀庸医为父报仇，幸好被叔父把刀夺下，才没有酿成大祸。为其父治病的庸医闻讯，吓得赶紧避往外地。

父亲病逝后，本已清贫之家境更加困顿，胡汉民兄弟两人再也无力从师了，只好在家自修。真是"福无双至，祸不单行"，丧父的悲恸还没有完全平复，两年后的1893年，胡汉民15岁时，兄弟姐妹再遭打击，给子女们无限疼爱的母亲因病又离开了人世。因家计困顿，母亲辞世后，拖了两个月才出殡。父母相继辞世，几个年幼的孩子陷入了困境，不久，胡汉民的一个哥哥及两个弟弟、一个姐姐也因病无力医治过早地结束了生命。

生活中痛失多位至亲，这样沉重的打击远远超过了一个少年的承受能力。但生活要继续，穷人的孩子早当家，胡汉民从 16 岁开始和哥哥各自开办私塾课徒，舌耕砚耕糊口养家。当时收的学生们年龄不少已超过了胡汉民，他真可谓是"小先生"。"小先生"年小志气大，一边教书，一边自学，还要支撑家用。

胡汉民靠着自己的天分和勤奋，在教书之余，刻苦攻读，考取了学海堂、菊坡书院、越华书院、越秀书院等，在探索及求知极强的研究氛围中修业学习。在这些书院中，尤其是学海堂这所广东学术文化的中心，对胡汉民的爱国思想乃至革命思想的形成影响甚巨。

学海堂，是阮元在担任两广总督期间于 1824 年创立的，办学的最大特点是勇于在教育制度方面进行改革，在科举取士、学而优则仕的时代，学海堂不专尚八股、理学，重经文史学之切实学问的研究，倡导"实事求是""无征不信"的学风，推行公举学长、"择师而从"的教学民主制度，因材施教的教学措施，自由研究的学术风气。学海堂的创办目的不同于一般书院的聚徒讲学，而是以培养善于思考、经世致用的高层次人才为宗旨。这样的办学理念和特点一直延续下来，到清末胡汉民在这里修业时期，仍荟萃着众多刻苦求学、志向远大的学子们。胡汉民在这里，不仅经文史学之切实学问有大的长进，还结交了一批有革命思想意识的朋友，如变卖家产跟随孙中山进行革命起义的史古愚、史坚如兄弟，后来的革命党人左斗山等。

学海堂等书院的修业经历，满足了胡汉民强烈的求知欲望，"于学无所不能"，为其一生精于逻辑严密、论说有力的文章打下了坚实的基础；通过结交的新朋友，他闻知了中国资产阶级民主革命的先行者孙中山的名字和他所从事的事业，并于不久的将来就投身到资产阶级民主革命的伟大事业中。

随着知识的增长、视野的开阔,胡汉民在与社会接触的过程中交游渐广,并且自己勤奋刻苦收获的知识也开始得到了更多的回报。他20岁时,在授徒当小先生的同时,还任广州《岭海报》记者。由于他文章写得好,才气纵横,词锋锐利,颇有影响。记者的生涯,接触的人和事物更多了,对时下社会的热点焦点问题的思考也更加深入,探求改变社会环境的愿望愈加强烈,萌生了留学国外"以与革命党人谋"的念头。

胡汉民13岁至20岁间,是其家庭遭受巨大变故、人生最为困顿窘迫时期,父母见背,亲人辞世,不幸接踵而至。此间19世纪末的中国也是内忧外患,风雨飘摇。末世清王朝腐败无能,先是1894年中日甲午战争,中国败于日本,次年又签订了丧权辱国的《马关条约》。《马关条约》是鸦片战争以来外国侵略者强行逼迫中国签订的最刻毒的不平等条约,中国割地赔款,主权尽丧,使清王朝腐朽无能的丑恶暴露无遗,从而激发了各界有志之士开展救亡图存运动的高涨。

后来成为资产阶级改良派领袖、戊戌变法的领导者,同样出生于广东的康有为,正在北京参加会试,得知《马关条约》签订的消息后,立即联络在北京参加会试的1300多名各地的举人联名,发动"公车上书",要求当朝皇帝面对忧危之时局,迁都、练兵、变法,并提出在政治、经济、文教等各个方面具体的改革措施。康有为得中进士后,成立强学会,利用报纸为阵地,宣传变法主张。1898年,康有为等人终于在多次上书之后说服光绪皇帝,下诏明定国是,宣布变法,掀开了改革维新、救国图存的序幕。

主张进行资产阶级民主革命的孙中山,在《马关条约》签订这一年,筹划了他领导的第一次反清武装起义——乙未广州起义,虽因军械未能如期运抵致使起义流产,但孙中山等革命党人用武力推翻清政府旗帜鲜明的革命意图,已经用行动向世人宣告。

当时的改革维新的变法运动和武装起义的革命运动，胡汉民虽然没有亲身参与其中，可是勤奋好学、思维活跃、求知欲极强的他，已经高度关注并进行思考。加上维新派的康有为、梁启超，革命党人孙中山等都是广东人，地缘的原因，关于变革维新和革命的思想主张，在风云激荡的广州虽说不能够家喻户晓，可也不应该是默默无闻。少年失怙丧母的不幸，生活困顿无奈的磨难，曾一度使胡汉民迷惘，甚至厌世。但不屈的性格、勤奋的品质，国家民族生存危亡的严峻现实，以及风起云涌的救亡图存事件，使胡汉民在忧愤中看到了希望，令他振奋。阅读明末清初思想家顾炎武、王夫之的著作，激发了他的民族情感，使他认识到清政府统治的"无理"和无能，渐生"革命排满"之心。康有为发动"公车上书"和孙中山领导第一次武装起义这一年，17岁的胡汉民写的《乙未纪事》诗，集中表达了他当时的情感和思想主张。

> 何人被发祭伊川，胡运偏能过百年！
> 日月无光空莫照，太平有道泽谁延？
> 早知康乐非山贼，漫信孙登是水仙。
> 县令破门前日事，酣哥恒舞却依然。

诗中表达了他的政治主张，对清政府的愤懑，对革命烈士的崇敬。把清朝的统治说成是"胡运"和"日月无光"，把统治者视为"山贼"的孙中山等革命党人说成是"太平有道"的承延，是空前之奇举。

与革命党人的接触使胡汉民越来越倾慕于革命，尤其是书院的同学史古愚、史坚如兄弟纾家襄助革命的义举，令胡汉民敬佩。他的思想前卫且新潮，在1897年元旦，19岁的胡汉民在自家的门外书写一对联："文明新世界，独立大精神"，令行人侧目。

1900 年，胡汉民的同学、好友史坚如奉命在广州谋划起义，以响应孙中山惠州举事，因所筹军款被人携逃，遂决计用暗杀清广东巡抚署两广总督德寿的手段声援惠州起义。不料事泄，起义未遂，史坚如被捕，英勇就义。这件事对胡汉民刺激很大，他后来在自传中回忆道：史坚如之义举虽自己并没有参与，但自己向来敬佩史坚如的为人做事。史坚如英勇就义之后，政府实行高压政策，在广州的革命党人或被捕遇害，或为逃避屠杀纷纷避往海外。自己觉得，要与革命党人谋，必须游学海外。

一个人的一生中会经受各种苦难的考验，有的人承受不住打击，因此沉沦下去，有的人却能够勇敢地面对，迎来风雨之后的彩虹。正如西方一位著名的音乐家所说的："苦能够毁灭人，受苦的人也能把痛苦毁灭。……卓越的人一大优点是：在不利与艰难的遭遇里百折不挠。"综观胡汉民一生，也许算不上一个卓越的人，但一定算是一个不平凡的人。少年的胡汉民经受住了苦难的考验，勇敢地承担起了父母病逝后家庭生活的重担，并且刻苦进取，勤奋自修，努力探寻国家民族的图存发展之道。胡汉民也曾经迷惘过，在父母兄妹病逝后，他痛恨上天的不公，"所钟爱的家庭，竟给自然破坏了。从今以后，更有什么来值得留恋呢？于是从友爱的家庭中心的人生观，一变而为冷酷的厌世观"。但胡汉民能够从消沉之中解脱出来，随着视野的开阔，他认识到人生的意义，形成了积极的救世观。胡汉民后来回忆这一时期的转变时说："到二十三岁，我的消极厌世观，又一变而为积极的救世观，觉得要保持人我底美好的家庭，维护社会优良的秩序，只有反抗自然，作一番更新的追求。努力革命，便是我因残破而反抗自然的一种严重的反响。由于这个从家庭出发的救世的革命观，我对于家庭的观念，便发生巨大的转变，转变到急切精进、富于生气而开辟将来的革命党，想竭智尽忠藉党的力量，努力开辟新天地，为最大多数人创造出优美的融洽的家庭。"（蒋永敬：《胡汉民先生年谱》，第 29—30 页）

年轻时的胡汉民

三、游学执教，探寻救国之路

胡汉民欲留学海外，需要一大笔费用，这对于家境贫寒的他来说，如何筹措？

读书人有读书人的做法。当时，科举考试仍是取得功名的一条正道坦途，好多有钱人家的公子哥欲取这个功名，但怎奈学识不够，便请人代为考试，即现在的"替考"，古时叫"捉刀"。胡汉民饱读诗书，才气纵横，便想用自己的智慧代人"捉刀"，挣取出国留学的费用。

胡汉民在《岭海报》做记者，虽然文笔犀利，议论纵横，但他平时曾言绝不做清政府的官，因此，很多人怀疑他科举考试的能力。无奈，为了证明自己不但会写新式文章，也能够应对科举考试，只好参加科举考试，抬高自己作为"捉刀"手的身价。1901年，23岁的胡汉民参加乡试，并一举中的。人们才相信这个新学骄子应对科举考试的能力。

因为有了一试中举的经历，1902年，在他中举的第二年，某氏兄弟雇他"捉刀"，获金六千，出国的费用有了着落。

1902 年春，胡汉民与他的好友陈融的妹妹陈淑子结婚。陈融，字协之，号颐庵，后与胡一同留学日本，同盟会会员，胡汉民和陈融二人因诗而交，乃一生挚友。陈淑子芳龄十九，生于 1883 年，后来也参加了同盟会，投身革命，相伴胡汉民终生。

1902 年 5 月，新婚不久的胡汉民告别了妻子，踏上了他首次出国的旅程，前往日本留学。

因日本在明治维新后日渐强大，并且在中日甲午海战中打败了清政府，日本的强国经验对中国有借鉴意义。同时，日文中使用大量汉字，能够较快地学习掌握。另外，日本距中国近，留学费用便宜。因此日本是中国青年学生留学的首选目的地。

当时的日本留学界，聚集了很多革命青年、仁人志士。他们思想活跃，充满生气。留学生中大多数不满清王朝的统治，但具体的政治立场和观点不同，有保皇派，有立宪派，有革命派，思想无系统，行动无组织。可以说，在当时日本留学的中国学生中，鱼目混珠，良莠不齐。

胡汉民抵达日本后，入东京弘文学院师范科，与杨度、黄兴等同学。胡汉民之所以选择师范科学习，是在国内就已决定的。在广州，胡汉民与吴稚晖接触过程中，对他关于新式教育的议论有好感，认为从教育入手，使学界丕变，是达到救国目的的唯一法门。胡汉民这一想法，也得到了吴稚晖的赞同。到日本入学后，学校所设的课程与自己原来预想的并不一致，为探求革命方略，胡汉民曾请教日本在野党的几位领袖，但也所获甚微。胡汉民转而积极参加维护留学生权益的学生运动。

1902 年 7 月，驻日公使蔡钧拒绝为自费留学生蔡锷等九人进入日本成城学校作保，引起了吴稚晖等人的不满和抗议。原来，中国留学生进入日本陆军士官学校有两个途径，一个是官派学生，先在日本专为中国陆军留学生开办的预科军事学校——振武学校学习三年，成绩合格后即可免考进入士官学校；另一个是自费留学生，须先有清政府驻日公使出具身份证明，方可进入士官学校的预备校学习。当时，驻日公使蔡钧对思想激进之学生素无好感，所以不肯为自费留学生吴慕良、蔡锷等九人出具证明。吴稚晖、孙揆钧等人为了争取自费留学生的权益，组织二十多位学生到驻日公使馆静坐。蔡钧恼羞成怒，与日本警察勾结，逮捕了吴、孙二人，日本警察局便以妨害治安罪判处二人"递解回籍"。吴稚晖愤怒不已，写好绝命书，在押解回国即将登轮时跳入海中，以死抗议，幸被救出。

此事在留日学生中掀起轩然大波，纷纷用行动声援吴稚晖，争取留学生的民主权利。胡汉民与吴稚晖是"订交"之友，为声援支持吴稚晖，挺身而出，率同学声言以退学向日本教育当局提出抗议。清驻日公使馆和日本当地政府威胁利诱罢课的同学，同学中有的怕把事情闹大和承担更多的责任，中途变卦，写悔过书上交。以退学进行抗议本是大家一致同意的，看到有人退出，生性耿介固执的胡汉民非常气愤，单独提出退学书，毅然回国。仅三个月的第一次留学生经历就这样结束了。

短暂的留学生涯，开阔了胡汉民的眼界，日本明治维新之后的经济社会发展成果使他震撼。在日本期间所写的《为平田氏题蘷曲图》的词中表达自己的认识和感受。

回国后，胡汉民先在《岭海报》做编辑。在他出国前，胡汉民推荐长兄胡清瑞担任《岭海报》总主笔。胡清瑞对新学不甚了解，并拒绝接受新东西。1903 年初，洪全福、李纪堂等在广州谋划起义失败，对这一革命行动，《岭海报》主笔胡清瑞撰文予以攻击，并说革命"排满"乃大逆不道。兴中会会员对此愤怒异常，认为胡汉民素以开通倾向革命之面目示人，其兄所言没有得到制止，便断言胡汉民倾向革命是假的。胡汉民与兄长自父母辞世后，相依为命，勉力持家，感情深厚，事兄如父，他不敢劝说胡清瑞，只有用实际行动消除革命党人对自己的误解。他回国后为《岭海报》撰写了许多文章，批驳保皇派的论调。胡汉民的言论引起了广东地方政府的注意，列入活跃的革命分子黑名单中。胡汉民在广州处于危险境地，不得不考虑离开。

恰逢广西省梧州中学总教习沈雁潭聘请胡汉民来学校任教，胡便应约而往。胡汉民本有教育救国之想法，梧州中学任教正好可践行这一想法。

胡汉民到梧州中学后，将梧州传经书院改为师范讲习所，并自任所长。在教学方面，讲授国文、修身等课程。胡汉民口才很好，加上思想新颖，议论风气，并与现实联系起来，与传统的教学方法不同，很受学生们的欢迎。

在讲课中，胡将民族革命宣传贯穿其中，并批驳革命将招致瓜分的谬论。清政府腐败无能，犹如墙垣动摇之败屋，遇见风雨，即刻倾塌。要想改变现状，避免墙倒屋倾之危险，非根本拆毁改建不可。而各位在座的同学就是拆建旧屋另盖新屋的工程师、泥水匠。若此新奇而又深入浅出的道理，经由胡汉民口吐莲花之口说出，同学们听得热血沸腾。

胡汉民还自编讲义，在修身即德育教育上既重视理想道德的确立——"重道德"，又关切所树立道德的践履——"主实行"。在他编写的《学生修身学》讲义中，包括学生之品格、职分、义务、希望、思想、感情、意志、习惯、制裁、公德、精神。认为，"品格"至"希望"为正其目的，"理想"至"精神"为励其行为。根据自己对学生修身的理念，胡汉民总结出五条校训和"七不可"戒律。

五条校训分别是：

第一，吾人当铭记此身为中国之国民；

第二，吾人当以诚实为主旨，见义勇为；

第三，吾人对于他人，当存心敬爱，而互勉为有益公共之事；

第四，吾人当强健其善勉善励之精神与体魄；

第五，吾人当图为世界之最上等人，以立身行事。

"七不可"戒律分别是：

第一，不可无爱国心，而甘为他人之奴隶；

第二，不可专怀私利，以害合群之功德；

第三，不可不检点行为，致伤一己与学校之名誉；

第四，不可不讲求卫生，致颓废其有用之身体；

第五，不可不深切勤勉，致失宝贵之时间；

第六，不可不顾职分，致侵他人之权限；

第七，不可自欺欺人，心性日见堕落。

胡汉民的教育理念和思想具有现代性，而其制定的校训和戒律强调学生从小、从近做起，这种由微见著的育人规范，于今也是具有现实意义的。

胡汉民的言行在青年学生中影响很大。当时发生英国人辱殴中国士兵一事，当地青年学生的行为足以说明胡汉民教育影响之巨。英国商人侯岸到梧州来探矿，一日，辱骂并殴打了一名中国士兵。中国官兵非常气愤，但却敢怒不敢言。接受胡汉民平等、民主等思想主张影响的学生们，知悉消息后，在胡汉民的支持下，联名写信给英国领事馆，要求施暴者侯岸向受辱士兵赔礼道歉。最后，英领事迫于学生压力，只好满足了学生的正当要求。这件事在当地官府中影响颇巨，震动极大。

胡汉民的言行，遭到梧州守旧势力的忌恨。梧州的士绅对胡汉民改传经书院为师范讲习所之举极为不满，加上学生们受胡汉民影响经常指责批评地方当局。于是这些守旧派纠集起来，联合梧州知府程道源，向两广学务张鸣岐指控，说胡汉民到处散布革命言论，鄙视圣经贤传，高叫平等自由；

还说胡汉民在节日允许学生穿洋服去拜祭孔孟圣人；甚至说胡汉民让女学生和男学生一起上课，并且听课时不跪不拜等，这些做法是"渎男女之防，败俗伤风，莫此为甚"。

胡汉民以官绅一致反对为由，愤而辞职返粤。学生见心爱的老师受到无端的指责攻击，举行罢课以示抗议，并推派十人前往两广学务处请愿，强烈要求两广学务处挽留胡汉民。两广学务处为示公允，乃调阅胡汉民的各科讲义，看是否有士绅们所指控的言论。幸亏胡汉民早已料到这一手，平时就告诫学生，"现时官吏耳目众多，文网周密，吾等议论时事，只能宣之于口，万不可形诸笔墨，致受人柄"。调阅胡汉民所授各科讲义审查后，并没有发现与革命有关的一字一句。学生代表控诉得胜，梧州知府程道源被处以记大过一次的处分。

尽管两广学务处迫于学生的压力同意胡汉民回梧州继续执教，但他决定不回梧州。经此事件，胡汉民认为，在官立学校里很难实现自己的教育理想。于是，他决定到香山隆都的一所私立学校当校长。

香山隆都私立学校的经历和梧州中学如出一辙，学生们受到老师的熏陶，接受新思想，开始捣毁校内文昌偶像，引起了当地士绅不满，经常到学校大吵大闹。胡汉民只好再次辞职，自此胡汉民教育救国的实践结束了，同时他的教育救国主张也因此受到严酷现实的无情打击，他逐渐放弃了这个与现实不符的救国主张，转而再寻另途。

胡汉民两度教育的实践虽然都以失败告终，但在现实中，他进一步认识到，进行救国，"教育功效甚微"，应从政治入手，破坏旧的政治基础，建设新国家。胡汉民的两度教育实践，除了促使自己对救国之途径进行重新思考之外，也宣传了新思想，尤其是梧州的任教，开当地风气之先，播撒了革命的种子，后来在辛亥革命中广西较早从事革命活动的人中，大多是当年胡汉民的门下学生，如李济深等人。

第二章

三民主义宣传者

寻政治救国之路，再次东渡留学

初晤孙中山，加入同盟会

编辑《民报》，宣传阐释"三民主义"

一、寻政治救国之路，再次东渡留学

两度的执教经历，浇灭了胡汉民教育救国的热情，让他意识到，改变现状、救亡图存，非革命手段不可，"革命应破坏旧有之政治势力而重新建设之"。革命应有革命的知识和理论，要在政治上破旧立新，就要有一定的政治学识。胡汉民于是有再次赴日留学学习政法方面知识的想法。

此时，正赶上两广总督岑春煊招考学员赴日学习政法，胡汉民于是得以成行。

岑春煊（1861—1933），原名春泽，字云阶，广西西林县人。壮族，云贵总督岑毓英之子。1900年八国联军进犯京津地区，岑春煊率兵"勤王"有功，成为清末重臣，与袁世凯势力抗衡，史称"南岑北袁"。在清末官员中，他是比较开通的，能够接受一些新思想，也是近代教育史上值得一书的教育家。他主张，办好教育是为官者首要任务，"教育者，政治之首务也。观瞻所系，尤当切意振兴。人民知识，国家兴替系之。欲为国家立不拔之基，必求人民有相当知识。教育者，所以启牖人民知识也"。如此教育理念，于今也不过时。1903年3月，岑春煊从四川总督调任两广总督，正值慈禧为了延续清政府统治，不得不推行新政。岑春煊认为，推行新政，进行政治维新，需要专门的人才。当他听说日本法政大学特为中国留学生开办一年半的法政速成班时，乃令两广学务处招考学员赴日留学此科，一切费用皆由政府供给。

1904年广东政府派留日学习政法科的留学生，由两部分组成。一是从二百多名报考应试者中录取的考选官费留学生41名，二是特别保送的官绅留学生15名，胡汉民是特别保送的官绅留学生。

胡汉民在选送官绅留学生过程中发生一个小插曲，险些被拒。由于胡汉民在广州、梧州、香山等地办报撰文、开堂授徒，宣传民族革命，被视为"危险分子"，初步"政审"没有通过。胡汉民通过其兄胡清瑞向广州知府陈某说情，胡清瑞在陈某家中做过家庭教师，与陈某有些交情，陈某通过自己的关系进行疏通，胡汉民总算过了这一关。

1904年冬，胡汉民再次踏上了赴日留学的轮船，进入日本东京法政大学法政速成科学习。同一批前往学习的还有汪精卫、朱执信、张伯翘、李君佩（李文范）、古湘芹（古应芬）、陈协之（陈融）等，共56人。

东京法政大学的前身是日本最早的私立法政学校——东京法学社，成立于1880年，1903年更名为法政大学，是当时日本著名的九大法律学校之一。日本明治维新之后，由于法律人才极为匮乏，因此法律学校应运而生。清末政府欲实行新政，同样缺少法律人才，而日本正规的法律教育时间较长，解决不了一时之急需。于是，湖南籍留日学生范源和刚从日本中央大学毕业准备回国的曹汝霖，向日本法学界权威、时任法政大学校长的梅谦次郎博士求助，借用法大教室开办速成班，由梅谦次郎聘请各大学法学家授课，当即得到了日本文部省认可。专为中国留学生开办的法政大学法政速成科因此成立。

法政大学法政速成科并非是有学位的正规的法政教育，只是短期官绅培训性质的速成式教育。开设的课程除了法律外，有政治、经济等，与法政大学专门部法律科几乎相同，只是学制短于三年，只有其二分之一。虽然学制少于专门部法律科，可是学生们多已是国内功成名就的饱学之士，因此在学业上，速成科学生并未显示出多少落后之处。法政大学速成科是清末为中国培养法政人才最多的日本学校，《猛回头》和《警世钟》的作者陈天华、宋教仁、沈钧儒等，也毕业于此。一些学生回国后，纷纷成为清末民初政、法、学等界的风云人物。

速成科的任课教师都由梅谦次郎出面聘请，大多是日本各大学一流的法学教师，因此学生们受益匪浅。胡汉民学习也很认真，在课程学习的同时，他还阅读了西方政治学、法学的名著，包括卢梭的《民约论》（即《社会契约论》）、孟德斯鸠的《万法精理》（即《论法的精神》）、不丹的《国家论》、穆勒的《代议政治论》等，书中所阐述的国家主权、平等、自由、权利、博爱等理念吸引着他，同时也使他受到震撼。他从书中朦胧地看到了一个新的世界，能够使中国摆脱异族统治、打破封建专制的路径，那就是推翻专制的清王朝，建立西式的民主共和国。

20世纪初的日本，是中国学生留学的理想地。1905年，留学日本的中国学生有两万余人，东京一地就有万余人。在众多留学生中，就留学目的而言，有寻求救国之道者，有为利禄者，有探究学问者，也有迷信日本者，还有为交游议论者；就年龄而言，有懵懂之童子六七岁者，有激情勃发的青年，也有四五十岁的中年。留学生中之职业，可谓庞杂，无所不有。但就政治思想倾向而言，可以大致分为主张推翻清王朝统治的革命派和主张君主立宪的保皇立宪派。保皇立宪派的代表人物是康有为和梁启超，他们主张承认清政府统治的合法性，在清朝廷皇帝的主导下进行渐进的立宪改革，反对进行流血的暴力革命。这一派在海外华侨中有不小的势力，留学生中倾向此派的也有不少。年轻的留学生，血气方刚，大多支持革命党的激进暴力革命方案。法政速成班的同学中，颇多俊秀，尤以汪精卫、朱执信、李君佩、古湘芹、陈协之等人与胡汉民志趣相投，晨夕与共，不仅在学问道义上互相切磋，而且都有革命的理想，共同探求，可谓志同道合。

当时，康、梁等人在海外办报宣传改良思想，遭到了革命派的批驳。在革命派中影响力最大的是章太炎、邹容、陈天华等人。1903年，章太炎针对康有为在海外发表的《答南北美洲诸华商论中国只可行立宪不可行革命书》，专门写了题为《驳康有为论革命书》的致康有为公开信。这封公开信，气势磅礴、笔锋犀利，站在鲜明的民主主义立场上，逐条驳斥了康有为的改良谬说，明确提出了革命主张："公理之未明，即以革命明之，旧俗之俱在，即以革命去之，革命非天雄大黄之猛剂，而实补泻兼备之良药矣。"邹容的《革命军》一书也发表于 1903 年，该书旗帜鲜明、通俗易懂地回答了中国民主革命的基本问题，特别是提出了"中华共和国"二十五条政纲。陈天华的《猛回头》《警世钟》两本小册子，也写于同一时期。陈天华以血泪之声，深刻揭露帝国主义列强侵略中国和清廷卖国投降的种种罪行，痛斥清朝政府是"洋人朝廷"，认为"革命者救世救人之圣药也"。

这些激进的革命思想主张，颇受一些年轻学生们的赞赏。尤其是同盟会成立后，革命派的势力大增，引起了清政府的不安。清政府开始向日本政府施加压力，要求取缔中国留学生中的反清政府活动。日本政府考虑到与清政府的外交关系，开始对在日留学生中的反清政府活动进行限制。1905 年 11 月，日本政府文部省颁布了含有禁止中国留学生进行反政府活动的《取缔清韩留日学生规则》。该《规则》发布后，遭到了留日中国学生的反抗和抵制，有的留学生直接回国，有的学生提出修改的意见，更有激进的陈天华愤而投海抗议。

对于日本文部省《取缔清韩留日学生规则》和陈天华以自杀方式进行抗议，在倾向革命的留学生中亦形成两种意见：宋教仁、胡瑛等主张全体留学生退学回国，从事革命；胡汉民、汪精卫、朱执信等人不主张退学，认为退学是下策，在日本的革命活动刚刚开始，理应一鼓作气，所谓回国革命只是一种幼稚的想法。但当时，由于胡瑛被推举为留日学生联合会会长，他们的意见占多数。召开学生大会进行讨论时，两派意见互不相让，不决而散。随后，支持胡瑛意见的留日学生纷纷罢课。胡汉民、汪精卫、蒋尊簋、张孝准等人组织"维持留学界同志会"，分头活动，一面宣传继续留学之重要，一面积极和日本政府交涉。秋瑾等对胡汉民、汪精卫等人的行为大为不满，甚至说胡汉民、汪精卫等人"媚日""汉奸"，加以殴击。留日学生中的革命派面临分裂的险境。

这时，远在美洲的孙中山来电，赞同胡汉民、汪精卫等人的主张，认为若学生回国，易落入清廷魔掌，于革命前途有害无益。经胡汉民等人的工作，秋瑾接受了这一主张，"留日学生联合会"因此解散，经"维持留学界同志会"的活动，说服日本政府做出若干让步，至1906年初，中国留学生正式恢复上课，一场风波终于平息。

胡汉民第二次赴日留学和第一次留学相比，收获更大。第一次留学，时间短暂，仅三个月时间。怀抱着教育救国的理想，但所学所得甚微。而第二次留学，政治救国的理念是经过了实践之后得出来的，留学学习的内容是西方先进的民主、平等的思想，他开始完全抛弃了自幼受四书五经之类熏陶而接受的那一套陈腐传统观念，接受了资产阶级的政治、经济、法律、伦理道德等思想理论，思想上发生了质的飞跃，由一个封建知识分子转变为资产阶级革命者。另外，第二次留学学习政治法律，研习法学，为他日后担任国民政府立法院院长奠定了坚实的基础。

二、初晤孙中山，加入同盟会

1905年夏，胡汉民回广州度暑假，与离别半年多的妻子团聚。经过第二次半年多的留日生活，胡汉民思想更加成熟，决定动员妻子和妹妹一同赴日留学。因此，暑假结束前，胡汉民带着妻子陈淑子、妹妹胡宁媛同船赴日，与胡同船的还有回国接女儿的廖仲恺。在船上，胡汉民、廖仲恺得知孙中山组织革命党成立同盟会的消息。

1905年7月，孙中山再次来到革命知识分子汇集的日本东京，受到了留学生们的欢迎，孙中山提出的建党主张也得到了黄兴、宋教仁、陈天华等人的支持。7月30日，在东京召开了七十多人参加的建党筹备会，会上，孙中山对革命的理由、革命形势、革命方法、革命宗旨等方面进行了说明和解释，会议确定建立政党的名称为中国同盟会，还确定了入会的誓词、入会的手续等。筹备会上，与会者多自写誓词，宣誓加盟。8月20日，在日本东京召开了中国同盟会成立大会，通过了《中国同盟会总章》，确定了孙中山提出的"驱除鞑虏，恢复中华，创立民国，平均地权"十六字为同盟会的政纲，推举孙中山为同盟会总理，总理以下分设执行、评议、司法3部；决定东京为同盟会本部所在地，在国内外分设9个支部，并在各省区成立分会。同盟会是我国第一个全国范围的资产阶级政党，它的成立，标志着孙中山的资产阶级革命纲领得到了众多革命分子的认可接受，标志着中国资产阶级民主革命进入了一个新的阶段。

在轮船上得知同盟会成立消息的胡汉民和廖仲恺，因回国错过同盟会成立大会这个具有重大意义的历史时刻感到惋惜，急切盼望着轮船能够插上翅膀，早日来到日本，见到革命领袖孙中山。

胡汉民一到日本，马上详细了解孙中山在日本建立同盟会的活动经过，并于1905年9月1日晚同廖仲恺一同约请孙中山到他们的寓所见面。

胡汉民终于见到了敬仰已久的孙中山。这次相见，胡汉民终生难忘，也成为胡汉民追随孙中山革命、成为得力助手的起点。

在胡汉民的想象中，一位不顾身家性命领导革命的领袖人物，受到众多人的敬仰和追随，一定身材高大，气宇轩昂，威风八面。相见之下，与想象完全不同，孙中山是典型的"广东人"，身材不高，中等个头，待人和蔼可亲，有一种"自然崇高博大"之感，令人景仰。

胡汉民向孙中山请教革命理论，孙中山热情洋溢而又耐心地向胡汉民讲述了中国革命的必要性和三民主义之大略。胡汉民听得仔细认真，并不时提出自己的疑问。

胡汉民本来就有革命的想法，少年时期就对清政府统治不满，因此对孙中山提出的民族主义、民权主义没有丝毫疑义，极为赞同，但是对民生主义、平均地权还不甚了解。孙中山进一步解释了所提出的民生主义，并对平均地权作了详细阐述。孙中山还讲述了自己的经历感受，所到之处，受到热烈欢迎，感到革命风潮正风起云涌，方兴未艾，这些使他备受鼓舞，多次的挫折、失败和打击也因之得到释怀。同时也发现，革命党人对以革命手段推翻清王朝统治的意愿是一致的，但对革命之后建立一个什么样的政府，却有着不同的主张。光复会提出了"恢复汉族，还我河山"；华兴会提到了建立民主共和国的目标，却没有提到社会经济问题的解决方案。通过考察欧美等国家，他发现民主革命之后的经济虽然发展了，国力也增强了，但民生问题没有解决，致使欧美之强国罢工不断，"社会革命其将不远"。中国的资产阶级民主革命，要推翻封建统治，建立民主共和国，要避免欧美等国的社会弊端，实现大多数人的民生幸福。若要避免欧美等国革命后出现的社会弊端，孙中山强调，一定要在实行民族革命、政治革命的同时，改革经济制度，平均地权，以避免贫富悬殊。

经孙中山的详细讲解，胡汉民等人对同盟会的纲领有了清晰的认识，茅塞顿开，于是立即向孙中山表示，要加入同盟会，孙中山也为有这样思维敏捷、词锋锐利的才俊青年申请加入同盟会而高兴。于是，当晚，胡汉民与妻子陈淑子、妹妹胡宁媛一家三口和廖仲恺及同住在一起的江誉聪、郑拜言共六人一起宣誓，加入中国同盟会，成为同盟会的会员。

与孙中山第一次见面并加入同盟会，是胡汉民资产阶级革命生涯的起点，他由一名民族主义者转变为资产阶级民主革命的斗士。

胡汉民加入同盟会后，初任同盟会本部评议部40名议员之一，后因已选定的本部秘书马君武要入东京工科大学就读，未能就职，这个职位空缺，孙中山指定胡汉民接任。本部秘书要掌管机要文件，协助处理日常事务。

从孙中山指定胡汉民接任秘书一职这件事，可以看出，二人见面之后，孙中山对胡汉民这位小同乡的印象是非常好的，认为胡是个不可多得的人才。胡汉民富有革命热情，才华出众，加上国学基础深厚，能诗能赋，文章写得明快犀利，又有系统的西方政治、经济、法律理论知识，思考问题缜密，逻辑性强，办事认真，细致干练，是一个忠实可靠的得力助手。而胡汉民也为孙中山的领袖魅力所折服。孙中山处事接物之态度，不涉矜持，崇高博大；对人从不敷衍，对所从事的革命事业满腔热情，一涉及革命问题，总是诲人不倦、废寝忘食；谈论问题，必就实际上求其原因结果之关系，必言其所以然，而不仅言其当然；于和蔼可亲中，有凛然难犯之节，具有沉毅果敢，百折不挠之勇气。胡汉民深切地感受到：孙中山"以如是之认识力、批判力、更自强不息，故无时不立于群众之先头，而为之领导者"。自此奠定了胡汉民和孙中山之间助手与领袖的关系，助手崇拜、敬仰、遵从、追随领袖，领袖欣赏、信任、重用助手。加入同盟会之后，一直到孙中山病逝，胡汉民紧紧追随着孙中山，孙中山也信任胡汉民。孙、胡二人的关系，吴稚晖的概括最为准确："学生无先生（指孙中山）不醒，先生无胡汪（胡汉民、汪精卫）不盛。"

加入同盟会后的胡汉民，立即投入到资产阶级民主革命的宣传中。1905年10月6日，保皇派在东京例行举办每年一次的"戊戌庚子死事诸人纪念会"，借纪念在戊戌变法中死难的谭嗣同等人，以扩大宣传保皇派的势力和影响。这是反击保皇派、宣传革命的大好时机。孙中山把这个重要的任务交给了胡汉民。

胡汉民在会上登台演讲三个小时，不仅揭露了康、梁谋官弄权的历史，驳斥了保皇派的谬误，同时抨击了赞同保皇派的立宪派。

在演说中，胡汉民从康有为要创立新教，想做新教主谈起，再到他立宪保皇，总结为经历了五级退化。

第一级退化是从大宗教家到政治家的退化。康有为起初读书期间是相信公羊学春秋"三世说"进化论的，他要以儒为主，兼取一切佛老耶回诸教的精义而创造出一个新教，并要做这个新教的教主。这虽不一定能够实现，但还是独树一帜。可是自从他成了举人之后，"便打动了他的凡心"，"一念之转，便弄成第一级退化，康有为自此不做大宗教家，要做大政治家，比前时志气已差了好些"。

第二级退化是中了举人之后，不懂立宪又偏要讲立宪。康有为初讲政治，也是志在民族，有保中国不保大清等语。但他中了进士之后，便转变了立场，发生了退化，不再讲民权，也不识民族了，只讲立宪。"举人的位置，与民近些，与官远些；进士的位置，与民远些，与官近些"。于是乎，康有为便不取悦民庶，讲立宪亦不得罪大清了。胡汉民批评道："大凡一个人，没有宗旨，唯利是图，必至弄到今日讲这项，明日讲那项，支离反复，自生矛盾。"

第三级退化是被皇帝召见之后便撰写驳斥建立议院的文章。康有为被皇帝召见之后，"特旨召见，指日可以大用"，便写驳斥建立议院的文章。有了一个"好皇上"，立宪连议院也可以不必开，宪法也可以不定，只求变法就可以了。"前回不讲民主，讲立宪，虽不完全正当，还是有所依据；到此在变，就空无依据，只说变法，俯拾即是，毫无纲领，与根本的问题，全没有关系。如今叫康有为自问，戊戌变法难道不从根本下手，只要枝枝节节去维新么？"此乃做官利己而抛弃理想主张。

第四级退化是戊戌变法。戊戌变法名为保皇实则害了皇帝，"那保着光绪皇帝的，是皇太后；那想光绪皇帝死的，是康有为"。因为能够保皇帝的人必定比皇帝的地位还要高、权力还要大，除皇太后别无他人。光绪皇帝到现在还没有死，正是由于皇太后在保他。戊戌政变也是康有为闹出来的，谭嗣同等人是被康有为害死的。

第五级退化是康有为愚弄唐才常，再造庚子勤王故事，又死了一些人。

胡汉民总结康有为的五级退化："追想康有为未中举人之前，是个想创立新教的康有为；中了举人的时代，变作民族民权的康有为；中了进士的时代，变作君主立宪的康有为；及至特旨召见，条陈奏功，又变作只讲变法的康有为；戊戌政变，初逃出京，又变作勤王的康有为；出外既久，勤王不成，到底还变作保皇的康有为。变之不已，每况愈下。"（以上胡汉民演说中的引文出自《胡先生汉民文集》第一册）因此，保皇派、立宪派等一切不革命者的所谓追悼戊戌庚子烈士，就是利用死人欺骗活人，没有任何意义。

胡汉民能言善辩，词锋尖刻锐利，千余与会者"拍掌狂呼"。演讲对康、梁进行的抨击、揭露，掷地有声，参加会议的保皇派竟没人敢上台争辩，从此他们再也不敢开这种追悼会了。后来，胡汉民追录讲稿并发表在《民报》上，并印成小册子广为流传。

这次演讲，是胡汉民加入同盟会之后的第一次隆重亮相，也是他与保皇派的第一次正面交锋。他没有辜负孙中山的期望，大灭保皇派气焰，大长革命派威风。他初试锋芒，便初战告捷，自此声名鹊起。就连久负盛名的宣传家陈天华，也对胡汉民的演说才能、理论修养大为叹服。胡汉民用自己的能力、实力赢得了同盟会员们的钦佩，孙中山也觉得这个年轻人确实不负所望，可以担当大任。不久，《民报》创刊，胡汉民被推为该报的编辑。

三、编辑《民报》，宣传阐释"三民主义"

同盟会成立后，为了宣传、传播自己的政治主张，决定创办机关报。此前，在日本留学生界有一个宣传革命的刊物——《二十世纪之支那》，

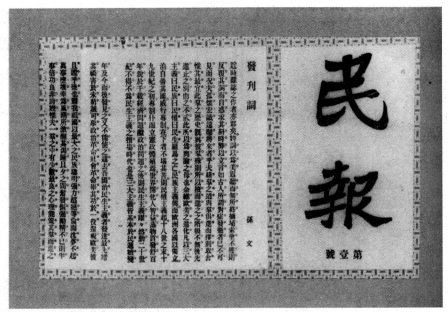

由胡汉民主要负责编辑的民报

是由宋教仁、程家柽负责在 1905 年 5 月创办的。同盟会成立时，该报社中的大多数人都加入了同盟会，经黄兴等人提议，将《二十世纪之支那》改组为同盟会的机关报。在接办过程中，该报因登载蔡汇东所写的《日本政客之经营中国谈》一文，揭露了日本对中国辽东半岛领土的野心，引起日本官方的恼怒，已印好的刊物全部被没收，宋教仁、田桐等被日本警方传讯，刊物也因此被查禁。孙中山遂采纳胡汉民等人的建议，在《二十世纪之支那》刊物的基础上创办同盟会的机关报，名为《民报》，于 1905年 11 月 26 日在东京创刊。

关于《民报》创刊时编辑一职，学界有不同的看法（详见尤小力《〈民报〉主编的胡张之争》，《读书文摘》2010 年第七期），但从对《民报》的实际影响和对三民主义阐发的贡献来讲，胡汉民是有编辑之实的。

《民报》初定为月刊，后因各种原因改为不定期刊，自 1905 年 11 月创刊发行第一期，至 1910 年 2 月汪精卫在日本出版最后一期止，五年多时间里共出版 26 期，前 5 期由胡汉民负主要编辑之责（此间《民报》署名的"编辑兼发行人"是张继）。

胡汉民用汉民、辨奸、民意的笔名在《民报》上发表文章，其中用"汉民"之名发的文章最多，汉民之名从此叫响。胡汉民在 26 期的《民报》上共发表文章 20 篇，分别是：

第一期上以汉民之名二篇，《关于最近日清之谈判》《清政府与华工禁约问题》；

第二期上以汉民之名三篇，《述侯官严氏最近政见》《晋省哥老会记事》《张之洞之卖矿》；

第三期上以汉民、辨奸之名各一篇，《民报之六大主义》（汉民）、《粤东商民与岑春煊》（辨奸）；

第四期上以汉民、辨奸之名三篇，《排外与国际法》（汉民）（此文长达七万字，分别发表在第四、六、七、八、九、十、十三期）、《清俄谈判之延迟》（辨奸）、《俄国革命党之日报》（辨奸）；

第五期上以辨奸之名一篇，《斥新民丛报之谬妄》；

第六期上以汉民、民意之名二篇，《粤汉铁路商办之未解决》（汉民）、《纪七月十五日欢迎章炳麟枚叔先生事》（民意）；

第十期上以民意之名一篇，《纪十二月二日本报纪元节庆祝大会事及演说》；

第十一期上以汉民之名一篇，《与国民新闻论革命党书》；

第十二期上以民意之名一篇，《告非难民生主义者》；

第十三期上以民意之名一篇，《希望满洲立宪者之勘案》；

第二十五期上以汉民、民意之名三篇，《就土耳其革命告我国军人》（汉民）、《土耳其革命》（民意）、《波斯革命》（民意）。

创刊《民报》，其目的是宣传同盟会的政治纲领——三民主义，驳斥保皇党人阻止革命的理论。胡汉民所发表的文章，主要也是围绕这两个方面来展开的。

在宣传三民主义方面，胡汉民可谓是"居功甚伟"。

《民报》的《发刊词》，是孙中山口授，胡汉民执笔的。《发刊词》中，第一次正式把孙中山1903年提出的"驱除鞑虏，恢复中华，创立民国，平均地权"十六字纲领概括为民族、民权、民生三大主义。孙中山总结了欧美发展的经验教训，"罗马之亡，民族主义兴，而欧洲各国以独立。泊自帝其国，威行专制，在下者不堪其苦，则民权主义起。十八世纪之末，十九世纪之初，专制仆而立宪政体殖焉。世界开化，人智益蒸，物质发舒，百年锐于千载，经济问题继政治问题之后，则民生主义跃跃然动，二十世纪不得不为民生主义之擅场时代也。是三大主义皆基本于民，递嬗变易，而欧美之人种胥野化焉"。三民主义的创立出自孙中山，但这种宏大思想的表达阐发，执笔者胡汉民的功劳也是不可没的。

在阐释三民主义方面，精华主要体现在"民报之六大主义""排外与国际法""告非难民生主义者"等文中。尤其是"民报之六大主义"中所提出的《民报》宗旨，即：（一）倾覆现今之恶劣政府；（二）建设共和政体；（三）土地国有；（四）维持世界真正之平和；（五）主张中国日本两国之国民的联合；（六）要求世界列国赞成中国革新之事业。这不仅仅是《民报》的宗旨，而且是同盟会的六条政纲。这六大主义，不仅仅包括了三民主义，而且还扩展了三民主义的内涵。前三条是三民主义，倾覆现今之恶劣政府——民族主义，建设共和政体——民权主义，土地国有——民生主义；后三条讲的是对外的方针策略。这是革命党人第一次对孙中山所提出的三民主义较全面、完整、发展式的解读和阐释，也是胡汉民在辛亥革命时期思想的集中体现。

关于民族主义，胡汉民不局限于狭隘的民族仇视论，而是把反对清政府统治和反侵略结合起来。

胡汉民提出的民族主义是为独立计、为救亡计，道出了与狭隘民族主义的本质区别。清政府的腐败统治，屠戮百姓，民不聊生，对内实行残酷的专制统治；对外却一味妥协退让，出卖主权，中国已经面临着亡国的危机。胡汉民认为，推翻清廷统治，有民族压迫之因，但这不是唯一之因由，恶劣之政府也。在当时确实有狭隘民族主义者，主张种族革命，杀尽满族人。胡汉民不主张这种狭隘的种族革命，他在 1906 年 11 月东京满族留学生集会上，演讲中阐述了革命党人对满族的政策，不会像满人入关后所展开的扬州十日、嘉定屠城等狭义的民族复仇主义，"民族革命，非尽戮满族五百万人之谓，倾覆政府，不使少数人据我主权，为制于上之谓也，其与我抵抗者，不能不敌视之。此外，既无反侧，则比侪之余平民，其贫穷无告者，则更为之谋社会之生活。率平等博爱以为二十世纪之革命"。

胡汉民的民族主义尽管也有贬满、仇满的过激之词，但他能够从政府腐败的角度来谈推翻清政府，并且与反侵略结合起来，确实更加深刻。孙中山也曾批判过同盟会中狭隘的仇满主义，在《民报》周年纪念大会上的演讲中说："民族主义，并非遇见不同种族的人，便要排斥他"，"惟是兄弟曾听见人说，民族革命是要灭尽满洲民族，这话大错。民族革命的缘故，是不甘心满洲人灭我们的国，主我们的政，定要扑灭他的政府，光复我们民族的国家。这样看来，我们并不是恨满洲人，是恨害汉人的满洲人。假如我们实行革命的时候，那满洲人不来阻害我们，决无寻仇之理"。

关于民权主义，胡汉民直接表述为"建设共和政体"。实行民族革命，推翻的不仅仅是异族的统治，推翻的还是君主专制政体。革命不仅仅是打破一个旧世界，更重要的是建设一个什么样的新世界。胡汉民从历史的角度阐释进行民族革命的同时建设共和政体的重大意义。胡汉民认为，在中国历史上发生过多次政权的变更，"而卒无大良果，则以政体之不能改造。故有明之胜元，不满三百年，而汉族复衰，异族之政府去矣，而代之者，虽为同种人，而专制如旧，则必非国民心理之所欲也"。现代民族革命的目的，若只是用汉族人代替异族人的统治，不作政体上的革命，不是完全意义上的革命。

胡汉民针对有人说我国民族历史上没有民权习惯一说，进行了驳斥。这种说法是不懂中国的历史和政治学理论，其目的"以是而摧伤爱国志士之气"。有人说立宪须先经有开明专制时代，中国没有经历开明专制，不宜实行民权主义的革命。胡汉民认为，中国开明专制时代早已有过，汉唐之世就是开明专制时代。"今日征以历史，而断言我民族不可以为共和立宪，不知何据。"

胡汉民关于民权主义的阐释，纠正了当时同盟会中一些人存在的只强调推翻清朝统治，建立汉族新国家的肤浅认识，提出推翻清朝统治和建设民主共和国同时进行，把革命的"破"和革命中的"立"结合起来，认识深刻，抓到了问题的根本和实质。孙中山在《民报》周年纪念大会上的演讲中也强调了民族革命与政治革命同步进行，"讲到那政治革命的结果，是建立民主立宪政体，照现在这样的政治论起来，就算汉人为君主，也不能不革命"。

关于民生主义，胡汉民所做的阐释，最为全面透彻。

民生主义是孙中山革命思想中最具特色的一个部分，不仅显示其阶级特性和时代特点，而且具有社会主义的色彩。胡汉民原来对孙中山提出的平均地权的民生主义不甚理解，曾在初次见面时向孙中山请教过这个问题，经过孙中山的讲解，胡汉民豁然开朗。他通过学习研究，对民生主义有了更加全面的理解，认为民生主义是解决现今文明国家社会问题的一剂良药，西方国家的社会问题主要是经济上阶级的出现。解决这个社会问题，必须先解决土地问题，而解决土地问题，就要实行土地国有。只有实行土地国有，才能摆脱少数人占有土地问题，"无垄断于私人之患"。如此，"国家为唯一之地主，而国内人人皆为租地者"。也就实现了平均地权的目标。那么怎么实现土地国有呢？胡汉民认为："土地国有之办法，为定价收买。"

胡汉民虽然没有使用"节制资本"一词，但也论及资本问题，通过土地国有限制大资本家的出现，"惟用土地国有主义，使全国土地归国有，即全国大资本家亦归国有。盖用吾人之政策，则不必奖励资本家，尤不必望国中绝大之资本家出现"。

胡汉民认为，通过土地国有、限制大资本家的出现，可以避免私人对于土地的垄断，避免劳动者受资本家之制，"劳动者有田可耕，手工业之供给无过多之虑，则资本家亦不能制劳动者之命"。通过土地国有，能够充分发挥土地的作用，促进生产的快速发展。

胡汉民对民生主义的论述，是辛亥革命时期革命党人最系统、最具体的文字。台湾著名的中国近现代史学者蒋永敬在《胡汉民先生年谱》一书中对此评价道：胡汉民"对于民生主义的理论及其实行办法，颇多新颖之处，而为国父在民国以后对其民生主义之学说所加以采用充实者"。

胡汉民在《民报》上宣传三民主义的过程也是与康、梁等保皇党人论战的过程。以康有为、梁启超为首的保皇党人，极力鼓吹君主立宪，反对民主共和。《民报》宣传革命理论，引起了梁启超等人的不满，梁启超利用已在日本创办、发行量超过一万份、在中国留学生界影响很大的《新民丛报》为阵地，对革命言论进行抨击。

梁启超能诗善文，在学界影响很大。他主编《新民丛报》，并亲自撰文，宣扬开明专制论的保皇观点，反对进行革命，认为革命必发生内乱，必致外国瓜分；中国只能立宪，以清政府的开明专制为过渡；民生主义是为乞丐流氓下流社会计，会破坏中国之秩序；革命党倡民族、民权、民生三帜，只是自杀，决不会成功等。

胡汉民与康有为、梁启超同为广东籍人，但他对康梁的学说不以为然，认为"梁读书以剽窃武断为工，认识浅薄，至不能自完其说，则反复无常，而自夸为'流质尚变'"。对梁启超等人发表的反对革命的言论，胡汉民深知："非征服此论，无由使革命思想发展也。"

在《民报》上，汪精卫撰写的批驳保皇党人的文章，主要是从革命与立宪的关系、民族革命的必要性等方面进行驳斥，胡汉民、朱执信、李文范主要从民生主义方面阐明革命的必要。梁启超在《新民丛报》刊发《开明专制论》的长文，可谓是保皇党宣传中最系统体现其核心观点的文章，该文中的基本观点是：中国今日万不能行共和立宪，中国今日尚未能行君主立宪，中国今日当以开明专制为立宪制的预备。他对专制解释为，所谓专制就是一国中有制者有被制者，制者全立于被制者之外，而专断以规定国家机关之行动的制度。由专断而以不良的形式发表其权力，谓之野蛮专制；由专断而以良的形式发表，专制而为开明。开明而能专制，则其国家机关之行动极速极自由，而影响于国利民福者极大。对梁启超的理论，《民报》第三期以号外形式公布了《〈民报〉与〈新民丛报〉辩驳之纲领》，该纲领涉及以下 12 条：

（一）民报主共和；新民丛报主专制。

（二）民报望国民以民权立宪；新民丛报望政府以开明专制。

（三）民报以政府恶劣，故望国民之革命；新民丛报以国民恶劣，故望政府以专制。

（四）民报望国民以民权立宪，故鼓吹教育与革命，以求达之目的；新民丛报望政府以开明专制，不知如何方副其望。

（五·）民报主张政治革命，同时主张种族革命；新民丛报主张政府开明专制，同时主张政治革命。

（六）民报以为国民革命，自颠覆专制而观，则为政治革命，自驱除异族而观，则为种族革命；新民丛报以为种族革命与政治革命不能相容。

（七）民报以为政治革命，必须实力；新民丛报以为政治革命只须要求。

（八）民报以为革命事业，专主实力，不取要求；新民丛报以为要求未遂，继以惩警。

（九）新民丛报以为惩警之法，在不纳租税与暗杀；民报以为不纳租税与暗杀，不过革命实力之一端，革命须有全副事业。

（十）新民丛报诋毁革命，而鼓吹虚无党；民报以为凡虚无党皆以革命为宗旨，非仅以刺客为能事。

（十一）民报以为革命所以求共和；新民丛报以为革命反以得专制。

（十二）民报鉴于世界前途，知社会问题必须解决，故提倡社会主义；新民丛报以为社会主义不过煽动乞丐流氓之类。

这 12 条论战纲领，既是双方论战的主要内容，同时也表明了双方的主要观点，《民报》革命派的观点，体现了三民主义的核心内容。

经过一年多的论战，胡汉民等革命派得道多助，蓬勃发展，节节胜利；梁启超等保皇党失道寡助，招架不住，气息奄奄。1907 年 1 月，梁启超派徐佛苏，通过宋教仁、章太炎向革命派求和，希望双方以后和平发言，不相攻击，遭到孙中山、胡汉民断然拒绝，《新民丛报》被迫停刊。

革命党人与保皇党人的论战，发生在同盟会建立之后，是两派在理论、思想、舆论上的一次决定性辩论，通过辩论，同盟会的三民主义思想在留学界中得到广泛传播，也推动了国内资产阶级革命运动的发展。胡汉民后来评价这次论战时说："交战结果，为民报全胜，梁弃甲曳兵，新民丛报停版，保皇之旗，遂不复见于留学界，亦革命史中可纪之战事也。"胡汉民在论战中，发挥其能文之专长，"玄论超万，风靡一时"，成为决定胜利的重要战将。自此，胡汉民之名开始响彻海内外，也引起了清政府的恐慌，悬赏10万两银子以购"汉民""精卫"二人首级。胡汉民的才干、表现，奠定了他在同盟会中三民主义宣传家的地位。

第三章

谋划领导武装起义

奔波筹划，参与领导西南武装起义

四处筹款，策划新军起义

撰文演讲，南洋"论战"保皇派

一、奔波筹划，参与领导西南武装起义

推翻清王朝，仅有批判的武器是不够的，还必须有武器的批判。同盟会在宣传革命思想的同时，积极筹划国内武装起义工作。1906年12月，在江西萍乡、湖南浏阳和醴陵地区举行了第一次以同盟会政纲为号召的武装起义，起义虽然最后以失败告终，但孙中山称为"革命同盟会会员第一次之流血"的起义，扩大了同盟会的影响，激发了海外会员进行武装斗争的激情，增强了革命党人武装推翻清王朝的信心。清政府在镇压萍、浏、醴起义之后，认识到了革命党人真正威力，遂加大对海内外革命党人的打击力度，在国内捕杀革命党人，在海外运用外交手段迫害革命党人。清政府以同盟会是萍、浏、醴起义的策动者为由，要求日本政府驱逐孙中山等人。

为了适应革命形势的发展，1907年初，同盟会进行了新的部署和分工，逐渐把工作的重心转向国内，转向发动武装起义。派朱执信等人秘密回到国内，发动群众，积蓄力量，筹划武装斗争。而被清政府悬赏通缉的同盟会会员因无法公开在国内活动，到中国南洋的邻近国家，宣传革命，筹划在中国华南、西南武装起义。胡汉民、汪精卫已被清政府悬赏缉拿，无法回国从事革命，孙中山又需要胡汉民、汪精卫这样的得力助手，决定胡、汪二人跟随孙中山、黄兴到南洋开展革命活动。

胡汉民辞去了同盟会本部秘书职务，毅然告别了刚刚分娩的妻子和出生仅三天的女儿，于1907年3月4日，同孙中山一起离开了日本东京，途经香港、新加坡、西贡、海防，抵达河内，租用河内甘必达街61号作为活动场所。为了方便开展工作，孙中山化名高达生，胡汉民化名陈同。随后，胡汉民把妻子和女儿接来同住，以作掩护。

主办《岭海报》时的胡汉民

当时，河内华侨中聚集着许多倾向革命的仁人志士，但构成较为复杂，有知识分子，也有会党成员，还有生活在底层的工人及无正当职业者。为了统一革命行动，壮大革命队伍，孙中山等人整合了各种力量，建立同盟会河内分部，并在河内设立以经营饮食为名的日新楼，招纳海外的会党分子。初到河内，胡汉民、汪精卫充分发挥其理论宣传方面的特长，在华侨中宣传革命宗旨并指导其完成任务；对于会党分子，宣讲革命纪律，纠正其恶习。

孙中山、黄兴、胡汉民、汪精卫等人离开日本到南洋以后，同盟会的革命运动重心，也就从日本东京转到了南洋一带。从 1907 年到 1908 年一年间，以河内为指挥中心，在中国的西南边境连续发动了六次武装起义。

胡汉民到南洋之后参与筹划的国内第一次武装起义，是广东潮州黄冈、惠州七女湖起义。新加坡华侨商人许雪秋，原籍广东潮安，受到革命思潮的影响，在 1904 年就曾回国在潮汕一带联络当地会党骨干，企图发动武装起义。1906 年他见到孙中山后服膺其革命理论，加入同盟会。孙中山看到他善于鼓动联络，有很多会党的关系，便任命他为"中华国民革命军东军都督"，继续到潮州、嘉应州等地进行革命活动，筹备武装起义。许雪秋经过半年多的积极筹备，认为举事时机成熟，遂向孙中山报告，拟在1907年5月发动起义。于是，孙中山在1907年4月派胡汉民到香港策应，协助指导，负责传达孙中山的指示。按照孙中山的计划设想，潮汕的起义要与惠州及广东西部的钦州、廉州等地的起义同时进行，以壮大声势，互相配合策应，同时也能够分散、牵制敌人的力量。1907年5月中旬，潮汕的会党首领余继成、陈涌波到香港向胡汉民报告起义的筹备情况，胡汉民叮嘱余、陈二人，遵照总理孙中山的命令，潮汕起义应同惠州、钦州、廉州同时并举。但事不遂意，会党在联络起义过程中走漏了风声，引起了清政府潮州总兵的警觉，于5月21日派兵进驻黄冈镇，并借故捕去会众两人。5月22日，余继成等聚集会党二百余人在黄冈城外举事，并一举占领了黄冈，成立军政府，以"广东国民军大都督孙（指孙中山）""大明都督府孙"的名义布告安民。但因事起仓促，没有通盘的计划，终因寡不敌众，起义失败。6月2日，邓子瑜和陈纯等集合少数三合会党在距惠州20里的七女湖截获清军防营枪械，宣布起义，连克杨村、三达、柏塘等地，旋又在八子爷打败清营管带洪兆麟。归善、博罗、龙门各地会党纷起响应，队伍增至二百余人。清水师提督李准急调兵镇压，因黄冈起义失败，邓子瑜、陈纯等会党得不到声援，孤军作战，加上弹药缺乏，被迫在6月13日解散。

广东潮州黄冈、惠州七女湖起义失败后，胡汉民继续留在香港，谋划刺杀镇压黄冈、惠州七女湖起义的广东水师提督李准，以提升革命者的士气。刺杀计划由同盟会会员刘师复实施，但在实施刺杀计划之日（1907年6月11日）晨，刘师复在配制炸药时不慎引起爆炸，左手和面部严重受伤。爆炸发生后，警察闻风而至，并将刘师复逮捕收押。此次刺杀就此失败。

国民党右派代表人物之一张静江

刘师复被捕后，胡汉民与冯自由、李纪堂共商挽救之策，曾于 6 月 13 日派人到广东设法营救，但终因清军防范严密，没有成功。

在香港，胡汉民还第一次见到了被孙中山称为"革命圣人"的张静江。胡汉民刚到河内之时，为了筹措革命经费，曾在孙中山的授意下，向两个人发电报求助，一个是曾锡周，一个就是张静江。当时，胡汉民对张静江存有疑虑，因为孙中山和张静江只是一面之缘，不知能否慷慨解囊。但孙中山认为，张静江是诚实之人，不会说谎的，遂让胡汉民试以与之约定的"ABCDE"（A 字是一万元，B 字是二万元，C 字是三万元，D 字是四万元，E 字是五万元）求助筹款的密语，发"A"字电报给张静江，张静江果然兑现承诺汇来一万元。后来孙中山又让胡汉民发一"E"字电报，又有五万元汇至。事后，孙中山嘱胡汉民写一长信向张静江报告两广起义及经费的使用情况，张静江也不回信，只是叫人捎来话：我不是因为你们写长信才帮助你们的，因为存此之心，彼此明白。胡汉民于是认定张静江为奇人。1907年7月28日，张静江来香港，冯自由设宴，胡汉民作陪，次日胡汉民与张静江晤谈，并在胡汉民的主持下，张静江加入了同盟会。

此后到1907年12月，胡汉民往返于香港和河内之间，筹调军械，支援前线。防城起义失败后，孙中山筹划镇南关起义。1907年12月1日，同盟会会员黄明堂率军攻占镇南关。12月2日，为了鼓舞起义士兵士气，孙中山偕同黄兴、胡汉民以及日本人池亨吉等人亲赴前线。这是文弱书生胡汉民有生以来第一次参加实战。孙中山、胡汉民等人先从河内坐火车到凉山，然后到村中从山路爬到山顶的炮台。在村中出发时已是下午五点多钟，胡汉民因饮食不适身体有病，在崎岖的山路上吃了很多苦头，将近十点钟时，就要到山顶炮台了，终因体力不支，昏倒在地。幸亏孙中山学医出身，很有经验，指挥大家将胡汉民平放在地上，徐徐抬起其脚部，不一会儿，胡汉民醒来，与大家一起登上了炮台。

孙中山亲临前线指挥，兴奋异常，不仅激励士兵一定要把腐败的清王朝推翻，而且还亲自为受伤的士兵包扎伤口。由于山上炮台多数大炮不能正常使用，清军的增援部队正在开来，在大家的劝说下，孙中山同意下山想办法筹款购械策应起义军。

在下山返回河内途中，孙中山被法警所辨识，法国殖民当局向孙中山发出了驱逐令。而由于镇南关起义军军火不济，无法继续坚持下去，乃于举事七天后弃炮台突围，退入越南境内。

镇南关之役，对胡汉民来说，既是一次锻炼，也是一次考验。作为一个宣传、鼓吹革命的理论家，他旗帜鲜明地提出武装推翻清王朝的统治，但一直是纸上谈兵，这次亲临起义的前线，枪林弹雨，路途坎坷，得到了切身的体验。多年后，回忆起这段经历，胡汉民仍感慨颇多，说是他"在革命军中参与实战之第一次"，"虽无成功，吾人乃得实战之经验"。这次与孙中山同行，也让孙中山看到了文弱书生胡汉民意志坚强的一面。有一次，孙、胡二人谈到镇南关起义时，孙曾问胡汉民：当时同行人之中，只有你身体最弱，又有病，为什么能够奋力勇进？胡汉民回答："吾人既矢志革命，所谓知死必勇，更不愿于其时提出顾虑，致他人动摇。"胡汉民此时想到的不是自己的生命，而是事业全局，使他深得孙中山的信任，在以后的关键时刻被孙委以重任。

1908年1月25日，孙中山被迫离开越南，从而把领导粤、桂、滇三省起义的重任留给了黄兴、胡汉民二人。黄、胡二人把镇南关起义失败后撤退到越南的人员妥善安置后，便筹划再次起义之事。当时，广西钦州、廉州、上思一带的老百姓对政府的苛捐杂税怨声载道，经常发生抗捐抗税的斗争，有发动起义比较好的群众基础。黄兴曾前往钦州、廉州游说清军将领反正，但没有成功。黄兴便召集越南华侨中二百多名同盟会的会员，组成"中华国民军南路军"，自任总司令，攻打钦州、廉州、上思等地。胡汉民为了策应黄兴在前线的军事行动，在河内一边筹措粮食弹药，一边利用自己身为两广人的地缘优势，劝说广西的清军将领共图光复之大事。

此前，胡汉民便和南宁荣军统领的幕僚陈炳焜等人有过接触，知晓他们对清朝有不满的倾向，曾表示若时机成熟愿意投身革命。黄兴率领的"中华国民军南路军"攻打钦、廉等地后，胡汉民以"南军大营"的名义，写信给广西南宁荣军统领陆荣廷，劝他认清清政府岌岌之危势，趁此大有可为之机会，与革命党合作，共同推翻清政府，做"开国功臣"。陆荣廷、陈炳焜等人虽有一些"反正"的姿态，但始终没有真正付诸行动。黄兴率领的"中华国民军南路军"英勇作战，转战钦州、廉州、上思等地四十多天，最后由于"弹尽援绝"，以失败告终。

广西钦州、廉州、上思起义失败后，根据孙中山的指示，胡汉民参与了云南河口起义的组织和领导。黄明堂在镇南关起义失败撤退到越南之后，孙中山就命令他积极筹备在云南举事，建立同盟会的根据地。1908年4月29日，在胡汉民的筹划协助下，黄明堂率部越过边境进攻河口。清朝驻扎在这里有四个步兵营，其中一个营倒戈反正、响应起义，起义军很快就占领了河口，队伍也不断壮大，达三千余人，一时声威大震。胡汉民马上把这个喜讯报告给在新加坡的孙中山，其中也谈到了他在后方筹划指导的辛苦，"弟此次一人独当要职，自河口克服以来，笔舌不停，而策应为谋，不皆出于一人，拙虑素体孱弱，尤恐不胜，幸以喜奋之愉快故，振起精神，尚能勉强从事耳"。同时向孙中山提出接济军饷及派黄兴来河口统率领导起义的请求。接到胡汉民的电报后，孙中山一面回电赞扬他在工作中取得的成绩，一面派人四处筹款，并让黄兴赶赴河口领导起义军。5月5日，黄兴来到河口督师，但投诚的清军不听调度。黄兴书告胡汉民，嘱其在河内购买军械，准备另组由同盟会会员组成的敢死队投入战斗。胡汉民在河内积极筹备，以应黄兴之需。5月9日，黄兴从河口前线回河内与胡汉民商量进一步行动之事，第二天在返回河口即将出境时，被法警疑为日人，遭拘遣回河内。胡汉民得知消息后，急忙联系当地华侨与法方殖民当局交涉，结果是：黄兴可获释，但必须离开越南。

革命党人在滇、粤、桂等西南边境频繁活动，引起了清政府的高度关注，清政府不断向法国政府施压，要求把反清政府的革命分子驱逐出其殖民地越南。黄兴被查拘，受孙中山指派从东京来增援河口起义的同盟会骨干谭人凤、倪映典、黎仲实也在越南被法警逮捕，法国政府还应清政府的要求，封锁边境，致使革命党人在越南的活动更加困难。胡汉民在河内为河口起义购置的军械弹药，也无法正常运出越南边境送到起义者手中。这样，河口起义既无法得到军需供应，黄兴又不能亲临军中统率，在坚持近一个月时间后，到1908年5月底，黄明堂率残部不得不撤退到越南境内。

为了安置河口起义失败后撤退到越南境内的人员，胡汉民只好躲避殖民当局的监视，把妻儿安顿回香港，到河内支持革命的华侨黄隆生的一个冷僻的洋服店二层楼上匿居，不敢随意下楼，除了几个极秘密的同盟会员来看望外，其他人都不相见。在洋服店的偏僻楼上，胡汉民统筹谋划，然后派人去办理执行。经过两个月的筹划措置，想尽种种办法，终于将谭人凤、倪映典、黎仲实和河口起义撤退下来的人员妥善安置好，使革命的损失减少到最低程度。

1908 年 7 月，胡汉民化装成船上的侍役，避开了出港手续及法警的检查，离开越南，回到了香港。

1907 年至 1908 年一年时间里，在中国西南边境省份革命党人发动的六次起义（除以上五次外，还有 1908 年 3 月的马笃山起义），胡汉民都作为重要的策划者、组织者或策应者参与其中，他革命的生涯又增添了更加丰富的经历，为他以后革命斗争积累了弥足珍贵的经验。这几次起义最后都以失败告终，作为亲历者、策划者、组织者或策应者的胡汉民来说，失败所带来的打击和痛苦也是巨大的，尤其是河口起义失败后，黄兴被迫离开越南，加上法国殖民当局对革命日渐高压的政策，在越南的革命党人活动一时陷入低潮，胡汉民不得不匿居在偏僻的房间里，"精神上太痛苦了"，"简直闷的无可形容"。在两个月的苦闷之中，胡汉民为了打发无聊的时间，学会了"生平所不会的而且也不愿学的一种习惯"——吸烟，自此，这个习惯伴随了他的后半生。

二、四处筹款，策划新军起义

一个真正的革命者，在遇到挫折、困难乃至失败的打击时，不会永久地消沉、苦闷，而是在消沉、苦闷之余总结教训，为了实现最终目标采取进一步的革命行动。正如孙中山所说的："吾党经一次失败，即多一次进步"，"惟失败之后，谨慎戒惧，集思补过，折而愈劲，道阻且长，期以必达，则党力庶有充实之时。历观前事，足以气壮，此故吾党之士所宜以自策励"。（《孙中山全集》第 1 卷，第 375 页）

胡汉民是一个真正的革命斗士，他在苦闷之余，思考几次起义失败的原因，探索武装斗争的新思路。在西南地区的六次起义，有一个共同的特点，都是利用会党的力量发动的。会党是由失去土地的农民、流氓无产者、受追捕不得不匿迹于"绿林"的反清义士等下层的民众组成，他们有强烈的反清意识，有勇于献身的革命精神，是发动起义可以依靠的力量。但他们也有组织松懈，纪律涣散，缺乏严格的训练，缺乏大局观念，难以领导等特点，对革命运动不利。对会党的利用，应该利用其革命性的优点，改掉其对革命不利的一面。六次起义都是利用会党的力量轰轰烈烈地发动，但都是虎头蛇尾。这其中有军费给养不继的原因，但胡汉民认为这不是主要的，主要是由于会党的首领"难用"，不听指挥；会党的"民军"，缺乏训练，没有战斗力。胡汉民向孙中山建议，以后军事行动的武装起义，应多依靠正式军队中的新军。

新军是清朝政府在中日甲午战争之后编练的新式陆军，最早始于袁世凯在天津小站建立的"定武军"，后各地均效仿，新军在士兵的选拔、编制及装备、训练等方面与旧式清军相比有很大的不同，"习洋枪，学西法"，士兵的文化素质较高，秀才举人也有投到新军里面当兵的，对新事物、新思想极易接受。

孙中山在历次武装起义失败后也认识到单单依靠会党的力量，很难使革命成功，会党"其战斗自不如正式军队"，"然军队中人辄患持重，故不能不以会党发难，诸役虽无成，然影响亦不细。今后军队必能继起，吾人对于革命之一切失败，皆一切成功之种子也"。胡汉民赞成孙中山的意见，他提出，新军中"辄患持重"者主要是标统（相当于今之团长）以上的军官，连排长等以下之军人是革命党人争取的重点和武装起义的依靠力量。孙中山"深以为然"，并向同盟会员下密令，在新军中加强策反工作。随后在修改的《同盟会革命方略》中，增加了"招军章程"和"招降清朝兵勇条件"两章。从此，孙中山、黄兴、胡汉民等资产阶级革命党人把运动新军作为武装斗争中的主要任务之一。

胡汉民离开越南后，其活动范围仍是在香港及南亚之间，进行革命宣传，为革命筹集经费，策划武装起义。

1908 年秋，为了加强对南洋同盟会分会的领导，便于各分会之间进行联络，同盟会在新加坡设立南洋支部，胡汉民被孙中山任命为同盟会南洋支部支部长，负责南洋各地同盟会的全面工作。一直到 1909 年 5 月南洋支部迁往槟榔屿，胡汉民要回香港主持工作，才委托邓泽如代理支部长的职位。此间，胡汉民多次随同孙中山到南洋各地指导党务和筹款。

接连的武装起义，需要经费的支持。为了解决日益紧迫的财政、外部支持两大问题，孙中山计划到欧洲，试图争取欧美商人的支持，促使美国华侨成为革命党的稳固财源，设法运动欧洲各国政府改变其在东南亚各殖民地敌视中国革命的立场，以缓解革命党人面临的困境。1909 年 5 月，孙中山由新加坡启程赴欧洲，行前，将国内革命运动的发动工作委托给黄兴、胡汉民负责，同时嘱咐胡汉民在香港筹建同盟会南方支部，1909 年 10 月，同盟会南方支部在香港成立，胡汉民担任南方支部长，汪精卫为支部秘书，支部分设军事、民军、宣传、筹饷等组。

同盟会南方支部成立之初，经费十分紧张，胡汉民设立"民生书报社"，广收会员，并在广州设立分机关，加入者日渐增多。南方支部以发动新军进行武装起义为主要任务，胡汉民乃与黄兴、赵声等筹划广州新军起义。

谋划广东新军起义，在同盟会南方支部正式成立之前就已经开始了。

南方支部成立后，对发动广东新军起义工作的分工更加具体。一是通过倪映典利用其在新军中的影响运动新军，发展同盟会会员。当时广州已建立的新军第一标、第二标以及炮兵、工兵、辎重兵、学兵营等，倾向革命的士兵很多，至起义前夕，加入同盟会者已有三千多人。二是通过姚雨平、张醁村联络广州附近巡防营。三是通过朱执信、胡毅生联络番禺、南海、顺德的民军作响应。胡汉民的夫人陈淑子和妹妹胡宁媛也加入到起义的筹备工作中。陈淑子和徐宗汉、李自平等女同盟会会员往广州运送子弹炸药，胡宁媛负责到广州传递情报。

1910年1月，倪映典从广州来香港，向胡汉民报告新军工作的开展情况，发展同盟会会员三千多人，举行起义的时机已经成熟。为了加强对起义的领导，胡汉民电邀黄兴、赵声、谭人凤来港共图大事。黄兴、赵声到香港后，胡汉民与二人商定，在1910年2月24日（正月十五）左右举行起义。与此同时，胡汉民电告在美国纽约的孙中山，请他速汇起义的经费。到1910年1月下旬，起义的经费已经筹措到位。

筹备工作正在顺利开展之时，但意外发生的事情扰乱了原来的计划。一张未签名的士兵加入同盟会的表格遗落在兵营，引起了政府的警觉，此时军营中又屡起风波。1910年2月7日，新军二标士兵因刻名片与承办人发生争执，巡警干涉，引起斗殴，士兵被关押，数十名士兵拥至警察局要求放人，巡警与士兵冲突，矛盾加大。新军中青年士兵强烈的反抗情绪，更引起了军官的戒备，广州将军孚琦下令闭城，如临大敌，气氛渐趋紧张。

倪映典急赴香港向胡汉民报告出现的新情况，建议提前起义。胡汉民与黄兴、赵声商议后，决定起义提前至2月15日举行，并通知广州各部分负责的同志积极准备。

倪映典回到广州后，发现清粤督张鸣岐及水师提督李准已严为戒备，只好临时仓促发动起义。2月12日清晨，倪映典进入新军营垒，遇见管带

青年时期的汪精卫

齐某，趁互相拜年之际，用手枪将其击毙，然后吹号集合军士，宣布起义，进攻省城。由于清军早有准备，进攻受挫，激战中伤亡惨重，倪映典也中弹坠马，壮烈牺牲。筹备已久的广州新军起义，就这样匆匆发难，又迅速失败了。

起义失败后，胡汉民设法安置逃出的革命党人，或留在香港，或前往南洋。待处理完广州新军起义的善后事宜，又开始为下一次起义奔波，1910 年 3 月 28 日，胡汉民与黄兴、赵声一起去新加坡，筹集革命经费。

胡汉民一行到新加坡不久，就传来了汪精卫、黄复生因暗杀摄政王载沣未遂，在北京被捕的消息。胡汉民得悉后，流涕叹息，痛苦万分，以为汪精卫必死无疑。后又传来消息，清政府只是对汪、黄二人严讯关押，暂未有生命之忧。随后，胡汉民放弃一切工作，四处奔走筹款营救汪精卫。

胡汉民与汪精卫的友谊始于 1904 年，二人共同赴日留学，是东京法政大学速成法政科的同学，由于二人都是广东人，又有共同的革命追求，一起追随孙中山，成为"相亲逾于骨肉"的好朋友。在孙中山逝世之前，胡、汪二人亲密无间，人们常常把他俩视为一个整体。自河口起义失败后，汪精卫变得悲观起来，加上孙中山领导的起义都以失败告终，遭到了光复会一些人的攻击，汪对发动武装起义丧失信心，其后奔走南洋各地筹款，又收效甚微，于是，汪精卫决定从事暗杀。

胡汉民坚决反对汪精卫从事暗杀的决定，曾苦口婆心相劝，认为通过运动军队起义推翻清政府实现革命的目的，指日可待，暗杀"等于以鼠首为殉"。汪精卫从事刺杀之意已决，胡汉民的劝阻并没有任何效果。胡汉民仍作努力，同时极力鼓励汪精卫到日本去续办已经停刊的《民报》，试图以此转移汪精卫的注意力，打消暗杀的念头。胡汉民还给吴稚晖写信，请他设法阻止汪精卫的刺杀行动。汪精卫一意孤行，在《民报》上撰写《论革命之道路》一文，表达自己对实行暗杀的主张。他认为：革命党人只有两途，或为薪，或为釜，薪投于爨火，光熊熊，俄顷灰烬；而釜则受尽煎熬，其苦益甚，二者虽作用不同，其成饭以供余生之饱食则一。文章足见汪精卫甘当革命之"薪"从事刺杀的决心。他在前往北京行刺前，给胡汉民留有血书，"我今为薪，兄当为釜"。胡汉民接到血书后，万分悲痛，赋诗一首：

挟策当兴汉，持椎复入秦。

问谁堪作釜，使子竟为薪。

智勇岂无用，牺牲共几人。

此时真欲绝，泪早落江滨。

重感情的胡汉民欲把汪精卫营救出来，于是"屏去他事，日以营救精卫为第一任务"。他与陈璧君、黎仲实到处奔走，筹款实施营救。但应者寥寥，只有陈璧君之母卫月娟积极捐献。为了筹款，胡汉民甚至和陈璧君去澳门赌场，以百金做孤注一掷，希冀侥幸赢钱，结果输得精光。之后，他又准备亲自入京探听消息，被劝阻。忙了几个月，没有寻找到营救的办法，也没有筹到足够的款项。

从胡汉民全力营救汪精卫一事可以看出，他是一个极重感情的人。他与汪精卫有同乡、同学、同党、同道之谊，如此情谊之朋友蒙难，痛苦异常，倾全力营救，乃人之常情，本无可厚非，但也应该适可有度。胡汉民父母早亡，兄妹相依为命，珍惜亲情友情，遂形成了他感情较为脆弱、容易冲动的性格。在黄花岗起义失败后，有一天，胡汉民从报纸上看到他的堂弟胡毅生被杀的消息，便卧床恸哭。如此感情脆弱、过度重亲情的性格，作为一个胸怀全局的领导者是不应该有的。革命党内部好多人，对胡汉民这种性格看不惯，赵声见胡汉民整日陷入营救汪精卫的碌碌痛苦之中，批评他说，汪精卫的义举闻于天下，是死一精卫，更将有百十精卫继起，"何苦戚戚如是"？谭人凤看到他为堂弟胡毅生之被杀（实际上并未被杀）而卧床恸哭十分反感，责怪他说，死难烈士，无一不是我辈兄弟，从未见你落泪，为什么听到你弟弟的噩耗，竟如此悲伤？对胡汉民信任有加的孙中山，看到胡汉民置其他革命工作于不顾，整日为营救汪精卫奔波，严厉地批评他"中于感情，而失却辩理力，我不意子亦如是也"。

随着时间的流逝，营救汪精卫的工作虽毫无进展，但迫于革命的形势，清政府不敢处死汪精卫等人，汪精卫暂时无生命之虞。加上革命党人的开导、批评，胡汉民也终于从痛苦中走了出来，投入到下一步的革命行动中。

1910 年 11 月 13 日，胡汉民出席槟榔屿秘密会议。这次会议是孙中山召集同盟会骨干商讨下一步革命行动的会议，黄兴、赵声、孙眉、邓泽如、黄金庆、吴世荣、熊玉珊、林世安、李孝章等同盟会重要骨干均参加了。会议决定，在广州继续举行武装起义，起义仍以新军为骨干，另择五百革命党人组成"选锋"突击队当先锋，占领广州。计划占领广州后，黄兴率一支军队北上，攻取湖南、湖北；赵声率一支军队，通过江西占领南京，长江流域各省举兵响应，然后会师北伐。为了领导起义，决定在香港设立统筹部。黄兴任统筹部部长，赵声任副部长；广州起义时，赵声任总指挥，黄兴任副总指挥。香港的统筹部下设调度、交通、储备、编制、秘书、出纳、调查、总务八科，胡汉民在秘书科工作。

孙中山吸取了前几次起义失败的教训，在起义前进行了认真细致的准备，分工筹划，筹款购械，组织联络，都有专人负责。因南洋各埠均有禁令，不许孙中山入境，会议结束后，孙中山只好赴欧美为革命筹款。在离开槟榔屿前，孙中山向胡汉民"嘱以各事"。

孙中山走后，胡汉民开始在南洋各地进行筹款工作，从1910年12月至1911年3月初，三个月时间里，他奔波于马来西亚、越南、泰国等地，拜会华侨，宣传革命，鼓动劝募。以前从事募捐，胡汉民大多跟随孙中山往各地，为营救汪精卫倒是胡汉民自己出面募捐，因掺杂个人感情在里面，捐者寥寥，不难理解。这次为了革命之起义，进行募捐，目的明确，但效果也并不理想。在海外的华侨中，对国内革命热情较高的是普通的工人和商人的侨胞，他们社会地位较低，经济状况一般，但富有革命的同情心，对革命支持最为积极。而那些富有的大资本家华侨，怕革命，革命好像对于他们是大不利，因此对国内的革命是消极和排斥的。有一次，胡汉民和邓泽如到一位卢姓的华侨家里去募捐，这位卢姓华侨做橡胶生意发了大财，胡汉民和邓泽如二人希望他为起义多出点力，二人唇焦口燥地说了三个小时，仍难以打动他，最后，邓泽如对他讲，这次起义与以往不同，要他非捐不可。他接过募捐簿，背着胡、邓二人写了个数字，卷好了交给胡汉民，并弯着腰，鞠躬作揖，连声说："对不起，请原谅我吧。"胡、邓二人看他客气的样子，不好意思当面打开募捐簿看，走出门一看，只写了二十元，气得邓泽如大叫"岂有此理"！在海外华侨中筹款，其艰辛程度，于此可见。

1911 年 3 月初，胡汉民返回香港，全身心地投入到黄花岗起义的筹备工作之中。到 4 月初，起义的准备工作大体就绪，同盟会的重要骨干大部分汇集到香港、广州，人力、财力样样准备得比较充分。4 月 8 日，统筹部召开"发难会议"，商讨起义的一些细节问题，认为起义的时机已经成熟，决定在 4 月 13 日举行起义，并决定了进攻广州的十路军事计划。然而，就在统筹部召开"发难会议"的当天，广州发生了温生才刺杀广州将军孚琦的事件。突发的刺杀事件，引起了政府的警觉，发现了革命党人将要在广州举行起义，遂全城戒备森严。此突发事件发生后，统筹部决定起义推迟举行。

4 月 25 日，黄兴离开香港去广州，设立起义指挥部，因胡汉民和赵声都是广东人，来广州容易被认出，因此胡、赵迟些时间再来广州。黄兴到广州后发现，清军已增调部队入城戒备，原定起义的清军第二标士兵又有将要退伍的消息。面对这样的新情况，起义军各部负责人意见不一，有的主张延期，有的则反对。黄兴用密语给胡汉民发电："省城疫发，儿女勿回家"，建议胡汉民将原定的 4 月 26 日起义日期推后举行。而此时已到广州的"选锋"队员开始返回香港，然旋得密报：清军巡警营已下命令，将在全城搜捕革命党人。在紧急情况下，部分起义军负责人认为起义不但不能延期，相反，只有迅速发动才能自救。起义指挥部于是又改变已定的延期起义的应急措施，决定起义仍按原定时间进行。黄兴又密语急电胡汉民："母病稍痊，须购通草来"，意即要求统筹部命令"选锋"队员全部去广州举事。接到电报后，已是 4 月 26 日晚上，胡汉民立即与赵声、谭人凤等商议，因"选锋"队员多数已经剪掉了头上的辫子，如一同前往广州，容易引起怀疑，决定分两批到广州，少数人搭乘 4 月 27 日的早班轮，大多数搭乘夜班轮出发。同时急电黄兴延一日发动起义。黄兴因为部署已定，认为："展期则须避出，重入险地，乃至不易，谋之期年，全党属望，迁延退却，实无以对天下人"，决定不再更改起义的时间，在 4 月 27 日下午五时半发难。届时，黄兴率领 120 多名"选锋"队员，进攻两广总督衙门，并与清军展开激烈巷战。原定的十路进攻，其他各路或因枪械未到，或因得到的举事信息不一，均未举事，因此十路进攻变成了一路孤军奋战，黄兴等人虽英勇奋战，终因寡不敌众，坚持战斗一昼夜而失败。喻培伦、方声洞、林觉民等 86 位革命党人遇难，黄兴的右手中指也在战斗中被打断。后由革命党人潘达微通过善堂出面，收敛死难者遗骸 72 具，葬于黄花岗。是为黄花岗起义。

胡汉民按照他的计划，4 月 27 日晚上乘船离开香港，他并不知道起义已经发动，正在激战中。胡汉民乘坐的船到达广州后，不能停泊码头，清军舰派人到船上检查，胡汉民方觉情况不妙。好在检查者虽手持胡汉民等人的照片，胡汉民以假辫系在帽上，得以蒙混过关。但所乘之船经过检查到广州的码头上岸已是 4 月 28 日晨了，起义已经失败。胡汉民同黎仲实、陈璧君、方君瑛、李佩书一行上岸后又经过警察盘诘，然后入住码头附近的一家酒店。黎仲实先回家中探听消息，不久托其姑母带来消息：革命党人进攻督署失败，死伤甚多。现军警四出盘查极严，旅馆中已布侦探，让胡汉民等躲避乡间，然后绕道返回香港。胡汉民不甘心就这样返港，认为先进入城内看看，城内一定有没被破坏的联络机关，可以"据以杀贼"。陈璧君愿意先行去试探一下能否进城，于是和黎仲实的姑母一起回去。两个小时后，陈璧君回来，说全城已经戒严，无法进城，赶快想其他办法。方君瑛有个亲戚魏某，是广州水师学堂的总办，家在城外，建议暂时到他家再做计议。他们到魏某家一看，魏某家人已经逃匿他处，只留下仆人。大家一商量，进城已无可能，此处也非久留之地，于是搭乘去香港的夜船，在船上成功躲避了警官的稽查，夜半时分，终于安全抵达香港。在香港，与赵声、黄兴相见，并向孙中山写信报告起义之经过。

此次起义，是革命党人利用新军为主发动的，革命党人倾注了大量的心血，筹备时间长，准备细致较为充分，但却以失败结局，并且牺牲了好多同盟会的骨干，对革命党人来说，是一个沉重的打击。作为起义的总指挥赵声，悲愤异常，每天借酒浇愁，不久便病倒了，竟于5月22日病逝，年仅30岁。胡汉民受此打击，一改以往反对暗杀的主张，赞成黄兴提出的用暗杀的手段铲除清朝重要官员。后经孙中山、冯自由等人劝阻，黄兴没有亲自从事暗杀活动，只是和胡汉民一起在香港负责筹划，另派他人去广州具体执行。在香港，胡汉民还料理了此次起义失败后的善后工作，待善后之事基本完成之后，1911年夏，前往越南继续进行筹款和党务的发展工作。

三、撰文演讲，南洋"论战"保皇派

胡汉民在南洋筹划、组织武装起义的同时，不断撰文、演讲，批驳保皇派，宣传革命。

保皇党人在日本与革命党人论战虽然失败了，但在南洋拥有相当的势力。当时，南洋华侨中大多数"政治之思想能力的不足"，对种族问题、政治思想等，茫然无知。许多华侨对清政府的那一套官爵十分崇拜，只要以清政府低级官吏的身份，到南洋吹嘘：我们家三代都是一品大官，我也是身为显官，有阔气的顶戴的！马上就会有受到哄骗的华侨来崇拜他。所以，康有为等保皇党人，正是利用了南洋华侨的这种心理。康有为是维新皇帝的老师，更值得崇拜，因此得到南洋不少华侨的支持。

保皇派与革命派势不两立，当孙中山和黄兴、胡汉民、汪精卫等革命党人来到南洋后，保皇派一面污蔑抨击革命党人，一面讽刺、挖苦、嘲笑革命派。当时保皇派曾撰一副对联嘲笑革命党人居正、汪精卫、田桐、胡汉民、张绍轩。对联曰："药石无灵精卫含冤填恨海，汉民遭劫杜鹃啼血怨西林"。药石是居正的笔名，恨海是田桐的笔名，西林是张绍轩的别号。而革命党人对南洋保皇党人的批驳辩论从一踏上南洋的土地就开始了，南洋革命党人与保皇派论战的主力是胡汉民、汪精卫等人。

1907 年 3 月初，胡汉民随同孙中山由日本前往越南途经新加坡时，与新加坡的革命党人张永福、陈楚楠、林义顺等商讨办党报进行革命宣传之事，确定了办党报的方向和宗旨，并把欲创办的报纸定名为"中兴"，胡汉民利用在新加坡停留的两三天时间，为即将创办的党报撰写了发刊词。

《中兴日报》于 1907 年 8 月 20 日创刊，在创刊号上发表了胡汉民撰写的《发刊词》。在《发刊词》中，胡汉民首先分析了南洋华侨地位低下、受奴役的原因，认为百余万的南洋华侨，经常受人奴役，原因有两个，一是祖国不够强大，国力不足以保护华侨，而清政府又无意为之；二是教育没有普及，华侨漂洋过海，大多迫于生计，初到国外，因生存压力，只注意子弟的生存教育，忽视了道德伦理以及政治法律方面的教育。在南洋诸国中，工商业多操在华侨之手，而政治权力多由殖民者白人掌控。华侨最大的缺点，"就是政治之思想能力的不足"。胡汉民确定了《中兴日报》的宗旨，就是要开发数百万华侨的民智，树立"爱国爱种之思想"。为了实现这个宗旨，首先要对保皇党人的宣传活动有清醒的认识，保皇党人的宣传主张是"持之无故，言之不成理"。为此，胡汉民提出了《中兴日报》的三大任务，一是启发华侨之"智"，"惟在日聒以言，提撕其自尊之心，使求自立之道，其智之未开，则觉之"。二是辟邪正人心，"其智既开，而惑于邪也，则正之"。三是宣扬爱国爱种，"人人自发挥其能力，以爱种爱国，则异族罔得为制于内，而我辈神明之胄，光复中兴，以此民族厕于他种人之间，则无或敢轻视"。

《中兴日报》创刊后，革命党人以此为阵地，与以《南洋总汇报》为阵地的保皇派展开了论战。两年的时间里，胡汉民以"汉民""去非""辨奸"之名，先后撰写了 21 篇文章。

保皇党人与革命党人在日本论战的过程中甘拜下风、一败涂地，但在南洋仍重拾旧调。保皇党人仍然坚持他们拥戴清政府的皇帝、实行君主立宪的基本观点，认为中国不存在种族问题，所谓的种族问题纯属革命派臆造出来的，因为满族人早已和汉族人同化。鼓吹中国的当务之急，不是"反满"的革命问题，而是政治改革的问题，通过"君主立宪"就能够使中国实现富强。胡汉民对保皇党人"保皇""改良"的陈词滥调进行了无情的揭露和批驳，指出清政府自统治以来，种种迫害、屠杀汉族及其专制卖国的行径表明，只有以武装的革命推翻腐败的清政府，国家才能够独立富强。胡汉民正告《南洋总汇报》的保皇党人："汝重拾《新民丛报》之说以自饰门面，而不知其说久为人所已破。汝盍取《民报》第四期以至第十二期伏案细读。上者可望汝之悔过，次者可望汝之藏拙。"

19 世纪末、20 世纪初风起云涌的革命运动，风雨飘摇之中的清政府不得不做一些维持其继续统治之举。尤其是 1904—1905 年发生在中国领土上的日俄战争，"蕞尔小国"的日本打败了专制大国的俄国，给清政府以很大的震动，朝野上下将这场战争的胜负与国家政体联系起来，认为日本以立宪而胜，俄国因专制而败。清政府为了挽救危局，挂起"预备立宪"的招牌，派出镇国公载泽、户部侍郎戴鸿慈、兵部侍郎徐世昌、湖南巡抚端方、商部右丞绍英五大臣分赴西方各国考察。五大臣回国后，上书立宪可以使"皇位永固""外患渐轻""内乱可弥"，建议"立宪"。于是清政府在 1906 年颁发《宣示预备立宪谕》，明令立宪。随后，清政府设立考察政治馆、宪政编查馆，作为预备立宪的办事机构。1908 年 8 月，清政府颁布《钦定宪法大纲》，宣布以九年为期，逐年筹备宪政，然后召开国会实行宪政。自从清政府打出"预备立宪"的幌子后，康有为、梁启超等保皇党人异常兴奋，积极响应。1907年2月，康有为将保皇会改组为国民宪政会，1907年10月，梁启超和蒋智由等人在东京成立政闻社，鼓吹"预备立宪"。《南洋总汇报》从1908年7月8日至10月21日连续发表社论，宣传设立国会的重要性，强调设立国会是促进中国富强、遏制外国侵略、保持中国独立的唯一途径。由于利用了华侨渴望祖国独立、富强的心理，清政府的"预备立宪"骗得不少华侨的同情，而保皇派的立宪言论也取得了不少华侨的认同。

为了揭露清政府假立宪、真专制之实质，胡汉民连续在《中兴日报》上撰文，同时还根据孙中山的指示，编写关于立宪问题的小册子，宣传什么是真正的宪政，以揭露清政府的立宪骗局，提醒人们不要被保皇派鼓吹的国会所迷惑。胡汉民认为，国会的权力来自于宪法，宪法的权威来自于民权，只有真正的民权，才能产生真正的宪法，才能够诞生真正的国会。清政府颁布的《钦定宪法大纲》与《九年预备立宪纲要》，其"宪法"是"钦定"的，皇帝有无限的权力，可以在国会同意前批准、公布法律，有权决定国会的召开、闭会、延长会期及解散国会等，有权任命司法机构官员及批准法律。如此的"宪政"，是皇帝领导下的"宪政"；如此的"国会"，是任皇帝摆布的"国会"。胡汉民指出："满洲立宪纯为拥护其无上独占之大权而起"，也是满洲人更"妄意欲借宪法以钳制汉人，使永为奴隶，而历劫不复"。

在撰文批驳保皇党宣传革命思想的同时，胡汉民、汪精卫等人还经常深入到华侨中，进行演讲宣传。据《中兴日报》报道，胡汉民曾先后在新加坡、吉隆坡、坝罗、马六甲、芙蓉、庇能、仰光、日厘、坤甸等地，到华侨聚居的地方演讲，或到同盟会的分部机关演讲。如在1908年8月4日，胡汉民和汪精卫一同到新加坡的星洲书报社举行演讲，有四百多人参加。

胡、汪二人阐发了民族主义的本旨及革命"排满"的必要，得到了听讲者的赞同，"一时欢声雷动"。这次演讲会，是胡汉民第一次听汪精卫的演讲，胡汉民给予了极高的评价，称汪精卫具演说天才，"出词气，动容貌，听者任其擒纵"。

在南洋与保皇党人的论战中，革命派的阵容强大，除了胡汉民、汪精卫全力投入外，孙中山也以署名"南洋小学生"之名义参战，黄兴、田桐、林时爽等人也撰文助阵。南洋革命党人与保皇党人的论战，如同在日本二派论战的结果一样，革命派取得了胜利，保皇党人在南洋的势力大大受挫，革命的观念和主张被大多数华侨所接受，华侨们逐渐转向革命派的一边，形成了南洋华侨支援祖国革命的第一次高潮。

南洋的论战，持续一年多时间，胡汉民一直是论战中革命派的主力，再次展示了他作为三民主义宣传家的风采。

第四章
参与筹建中华民国

促成广东独立，初任广东都督

筹建民国政府，任总统府秘书长

遵从总理建议，复任广东都督

一、促成广东独立，初任广东都督

革命党人在华南组织的多次起义虽然失败了，但促进了全国革命形势的高涨。广州黄花岗起义失败后，四川爆发了保路运动，革命党人谋划在两湖（湖南、湖北）一带发动起义。1911 年 10 月 10 日，武昌起义终于爆发，革命浪潮迅速席卷全国。

胡汉民在越南西贡筹款时得知武昌起义消息，立即率领一批要求从军的华侨青年搭乘金陵轮回香港。此时，革命形势的发展异常迅猛，紧随武昌起义湖北成立军政府之后，湖南首先响应，宣布独立，接着江西也宣告独立。多次爆发武装起义的广东也激荡起来，革命党人积极活动，绅商们也联合在一起，召集各方代表开会，建议两广总督张鸣岐"改良政治总机关，由各界团体公举代表主持"。张鸣岐佯装同意，但又出尔反尔。

胡汉民到达香港后，与朱执信等人分析革命形势，认为革命党人当前在广东的主要任务是尽快促成广东独立。于是，胡汉民一面派人在粤散发传单，历数张鸣岐的罪状；一面派朱执信、胡毅生等人到广东各地，发动民军进逼广州。同时，胡汉民利用水师提督李准与张鸣岐之间的矛盾，设法策动李准反正。

革命党人发动的广州黄花岗起义的过程中，张鸣岐在黄兴率军进攻督署时，曾抛下老父和妻妾，一人翻墙越屋逃至水师公所，得到了李准的搭救。李准便以此为功，张、李二人矛盾开始激化。张鸣岐惧怕李准夺其大权，乃奏调原在广西的旧部龙济光率军来广州援助他，并任命龙济光为镇统，收编新军，使龙济光指挥的兵力从人数上超过了李准。接着，张鸣岐以李准与革命党人接触为借口，夺去了李准所统领的第 30 营兵权，收取虎门要塞大炮撞针。张、李矛盾日益加剧，李准的离心日重。胡汉民得知张、李二人矛盾加剧的信息后，觉得可利用二人的矛盾，促成广东独立。

李准迫于革命形势，同时害怕被张鸣岐愚弄，也在寻找出路。胡汉民派革命党人李柏存与李准的幕宾谢毅谦（字质我）联络，谢毅谦的侄子谢良牧是革命党人，也从中说项。胡汉民亲自缮就两函，一致谢毅谦，另一致李准。

致谢毅谦的信是以谢良牧、陈炯明二人名义联名发出的，信中分析革命的形势尤其是广东的形势以及张、李二人的矛盾，让谢毅谦规劝李准宜在张鸣岐之前快做决定，"他日民军逼粤，诈取某提（按指李准）而迎降者，必某督（按指张鸣岐）也。急则相求，缓则相倾，某提想早试其技，为某提计，当先发难制之"。

致李准的信是以谢良牧的名义发出的，信中约定五项条件促李准反正立功。

但李准曾经镇压过革命党人，担心革命党人清算他的罪行。胡汉民让谢毅谦转告李准，"革命党不报私仇，特为汉族请命耳。清廷大势已去，李当知之，李果能反正，而尽忠于革命，所谓以功赎罪也"。李准仍在犹豫，举棋不定，派他的电报员黎凤墀到香港和胡汉民面谈，探听革命党人的口信。胡汉民指出，目前摆在李准面前的只有两条路，一条路是若愿意继续做清王朝的官吏，就和革命党人开战，为清王朝尽节效死；另一条路是与革命党人合作。黎凤墀立即向胡汉民表示，"李已有决心，若不见疑，请示条件，将唯公之命是听"。胡汉民于是提出四个条件："一、李须亲书降表来，同时去满洲旗帜，用青天白日旗帜，通电反正。二、即逐张鸣岐，且迫龙济光投降。三、欢迎民军。四、李势力范围内之要塞、兵舰、军队皆须交出，由革命政府处分之。"黎凤墀立即向李准转达了胡汉民提出的条件，李准接到后的第二天即 1911 年 11 月 7 日，上书给同盟会南方支部，表示愿依胡汉民提出的条件降服，并约定 11 月 9 日为反正日期。

张鸣岐也一直窥视着局势，首鼠两端，一面佯装与广州士绅界的人士接触，一面又做逃走的准备。1911年11月8日，广州各团体在广州总商会开会，商讨独立事项。迫于形势，张鸣岐派人参加，并同意广东独立。于是，这次会议上推举张鸣岐为广东都督，龙济光为广东副都督。

　　就在同一天，已经决定向革命党人投诚的李准打电话给张鸣岐，告知自己决定向革命军投诚，并且已经对部队做了充分部署，请张鸣岐好自为之。张鸣岐一看后院起火，与自己有隙的李准已先一步投向革命党，内心十分恐慌，他马上联系龙济光，问能否消灭李准，龙济光给予否定的答复。张鸣岐顿感山穷水尽、孤立无援，乃于11月8日晚藏匿于广州沙面的英国领事馆，后逃离广州前往香港。

　　1911年11月9日上午，广州社会各个团体的代表在咨议局开会，会上，由第一批参加同盟会的革命党人邓慕韩宣布广东独立，并举行了盛大的独立典礼。会议还提出十项决议：（一）欢迎民军组织共和政府及其临时机关；（二）宣布共和独立，电告各省各国；（三）所有旧官吏，愿留为新政府服务者听任，惟必宣誓忠于中华民国；（四）所有八旗满人与汉人，一律看待；（五）调新军回省，征回退伍兵士，所有巡防营依旧服务；（六）士农工商各界，各安常业，新政府担任保护；（七）原管理财政人员不得擅离职守，新政府派员接收；（八）释放囚犯，许其改过自新；（九）对于省会及各处的会党，以前所犯，概不追究，自新政府宣布之日起，不得再有扰害地方治安行为；（十）编练民团。会议议定张鸣岐为广东临时都督，龙济光为广东临时副都督。但旋即得知张鸣岐已经逃离广州，龙济光也不敢就副都督职。会议乃决定改选胡汉民为临时都督，在胡汉民未到粤就任前，由蒋尊簋代行都督职。

　　这一天，李准也宣布反正。

　　广东终于宣告脱离清政府，兵不血刃地和平易帜，实现了全省独立。

广东军政府宣告独立后，任临时都督的胡汉民

革命党人自 1895 年策划广州起义以来，历经 16 年的艰难挫折，革命推翻清王朝之志始终不渝，武装起义屡败屡战，终于使象征民主共和的"青天白日满地红"旗帜飘扬于广州这个古老城市的上空。广州市民也表现出了对这场社会变革的极大热情，"爆竹如雷，欢声响动，剪发者尤众。入夜四城大开，各安其业，五羊城中，焕然一新世界矣"。

胡汉民之所以被推举为广东临时都督，是因为他自加入同盟会追随孙中山之后，为三民主义革命呕心沥血所形成的威望。他不仅以如椽巨笔批驳保皇党人的谬论、宣传三民主义，而且还组织多次起义，奔波捐款，在广东乃至全国影响极大。本次广东独立，胡汉民前后谋划，居功甚伟。因此，由胡汉民出任广东临时都督一职可谓顺理成章。

咨议局推选胡汉民为广东临时都督后，李准首先明电胡汉民，告知："张鸣岐已走，咨议局开会，举公为都督，盼即来省。"随后，广东咨议局公电及革命党人陈景华、邓慕韩等人的电报相继发来。1911 年 11 月 9 日晚，胡汉民与夫人陈淑子、妹胡宁媛以及革命同志李文范、谢良牧、李应生、黄大伟、李郁堂共一行八人，乘船离开香港，前往广州。11 月 10 日晨，抵达广州，李准率领部队到码头迎接。胡汉民直接步行到咨议局，接受各界欢迎，就任广东临时都督职。当日，胡汉民以广东都督名义发布公告安民，通电海内外，通告改元剪发。通告中说，我国自夏殷以来，都以一家一姓的皇帝年号纪元，"自兹以往，共和为治，自宜以黄帝纪元，表我国民之制，与前代殊"。本日为黄帝纪元四千六百零九年九月二十日。清自入关以来，对人们头上发辫的存留一直与是否归顺降服等政治问题联系在一起，到了清末，剪发辫还是留发辫已经成为拥护资产阶级民主革命的一个标志。所以在胡汉民发布的公告中，提出由于辫发不是我国的礼仪习惯，因此通告："迄自今始，凡我邦人，宜一律剪辫发以刷国耻。"剪发令发出后，民众纷纷响应，最多一日剪发者，仅省城广州就有 20 余万人，结果"旬日间，城厢内外已一律剪除发辫"。

　　1911 年 11 月 17 日，广东省社会各界代表在咨议局召开第二次会议，宣布广东军政府正式成立。公推陈炯明为副都督，黄士龙为参都督。胡汉民委任了军政各部部长（后改称为司长）：蒋尊簋、魏邦平任军政部正、副部长；李煜堂、廖仲恺任财政部正、副部长；陈景华（后由黎国廉继任）、伍籍盘任民政部正、副部长；王宠惠、汪祖泽任司法部正、副部长；伍廷芳、陈少白任外交部正、副部长；梁如浩任交通部部长；王宠佑、利寅为实业部正、副部长；丘逢甲任教育部部长；何启、韦玉任总顾问官。由朱执信、李启佩、李杞堂、廖仲恺、黄世仲、陈少白、李茂之、杜应坤、陈协之、李海云、刘古香、胡毅生、谢鲁倩、姚雨平、谢良牧、谢适群、毛文明 17 人组成枢密处（不设长）。军政府的成员大都是革命党人，其中相当部分是留学欧美或日本的青年知识分子，他们朝气蓬勃，学有所成，为新建立的革命政权带来了一片新气象。

　　广东军政府宣告成立后，即颁令撤销清政府在广东设立的所有机构及其职能，取消清政府资政院与省咨议局议员的资格，废除清政府的所有苛捐杂税。

相对于打烂一个旧制度，建立新的社会秩序更难。军政府建立之初，面临着一系列建立新政权、巩固新政权的复杂问题。胡汉民等人以饱满的热情和昂扬的斗志投身到繁忙而复杂的军政府建设发展之中。

胡汉民知道须急切解决的是财政问题。新政权的运行需要大量的经费，而从旧政府接收能够利用的经费少得可怜。张鸣岐在逃离广州之前，把库银作为军饷派发给龙济光的部队，并与属下官员席卷余款而逃，扬言革命党即使能够占领广州，因财政问题也不能坚守三日，致使军政府成立后，财政部清点省城大清银行的存款数额时，仅有"现银一万四千六百八十四两，纸币一万一千二百八十元"。军政府由于废除了前政府的苛捐杂税，收入极少。当时的困难，军政府的第一任财政部部长李煜堂曾描述道："回思反正之初，吏役逃亡，席卷饱矣；管钥虚设，库空洗矣；殷富流离，商务凋敝；农工失业，盗贼繁滋；杼轴已空，税厘无着。加以民军抵省，累万盈千，饷需逼迫，急于星火，既点金之乏术，岂画饼之止饥？"广东财政无疑处于无以为继的崩溃状态。

胡汉民把财政问题列为第一要政。当时时局未定，赋税、关税来源极少，只能通过借款、捐款、发行纸币和公债等途径来暂时缓解危机。胡汉民派李煜堂等人向港商借款40万元，答应三个月后加倍偿还，先解民军及旗营各部20万元的饷需之急。同时，提取官银钱局所存的无法流通的清朝纸币1200万元，加盖军政府和商会的印章使用，在市场上流通。军政府还向商人募捐、借贷，得到了商人的响应，种种举措，以解财政之虞，勉强渡过财政这一难关。

军政府面临的军事问题也比较复杂。斯时的广东，新军、巡防营、民军等山头林立，各不统属。李准、龙济光率领的新军，是在形势所迫下归附革命，需时时留意提防。民军中番号繁多，约五六十支，人数多的达万人，少的仅有几十人。规模较大的有王和顺的惠军，人数约一万人；陈炯明的循军，人数约六七千人。此外还有黄明堂的明字顺军，任鹤年的香字顺军，黎萼的建字营，关仁甫的仁字营，陆兰清的兰字营，陆领的领字营，李福林的福字营，石锦泉的石字营。民军中各有首领，都以首义自居，并时常发生武装摩擦和抢劫居民事件。复杂混乱的军队，随时都有可能发生武装冲突或暴乱。

胡汉民针对复杂的军队形势，采取的基本策略是："先巩固新军，使其居中不动，作诸军之监视，而张民军之势，以压迫降军与防营。"根据不同的情况，胡汉民发出告示，明确规定各军队的职责和职权，分别对待。对归降的旧军，加以安抚，由李准、龙济光照旧统辖，防护老城，以保治安。对于民军，则要求他们各自维持秩序，"部署一切，听候本都督命令施行，不得骚扰治安。如无力维持，或酌量先暂遣散，有事再行召集"。

针对一些新旧军关系的谣言，胡汉民在告示中明确宣布："所有防营反正之后，即与民军无疑，本军政府民军月饷与原有防营，统无新旧厚薄之差。"

军政府颁布了严厉的赏罚分明的军令，管束部队。对以下四类情形处以极刑：反正之营勇军警，如有敢与守法之民团为难者斩；既经反正之营勇军警，如有敢向勒令缴械者斩；强买强卖者斩；各乡自卫之枪械，如经颁布军令后，仍有敢向勒令缴出者斩。对以下三种情形予以奖赏：保护外人生命财产者赏；恪守军令大功劳者赏；能维持社会安宁者赏。

胡汉民及军政府颁行的这些措施，解决了军政府建立初期的复杂的军事问题，使各个军队均相安无事，维持了较为安定的局面，为出兵北伐提供了稳定的后方。

不管多么腐败和无能的统治者都不愿意丧失统治地位，都会在退出历史舞台之前做垂死挣扎。武昌起义后，东南、西南的各省相继独立，清政府仍做垂死挣扎，启用袁世凯，命令北洋军南下向革命党人进攻。胡汉民待广东内部稍定，就打算亲自挂帅出师北伐，后经同志力谏才作罢。恰逢姚雨平也对北伐持与胡汉民同样的观点，胡汉民命姚雨平组织北伐军，并任北伐军总司令，马锦春任副司令，邹鲁任兵站总监。军政府拨出已有的最精锐的武器装备这支队伍。正当广东军政府积极筹备北伐时，长江中下游革命军与北洋军激战正酣，革命军损失惨重，亟须各省支援。黄兴在南京给胡汉民发来电报，请求广东方面速发兵北伐。胡汉民回电，即将出师，并听从黄元帅（黄兴）调度。

1911 年 12 月 8 日，广东北伐军兵分三批，从广州乘船北上。广东北伐军由海路抵达上海后，南京已经宣告光复，遂改乘火车进驻，扎营于石牌亭巷协统衙门待命。中华民国临时政府成立后，由于北洋军违反"南北议和"的停战协议，在清军倪嗣冲部的配合下，进驻到津浦铁路南段，企图反攻，严重威胁南京政府的安全。孙中山断然下令北伐，由粤、浙、镇、淮诸路革命军组成联军，兵分三路，其中广东北伐军负责中路。广东北伐军整体素质比较高，配备、战斗力等方面均佳，在北伐中，屡败清军，堪称当时各省北伐军中首屈一指的精锐部队，为辛亥革命立下了不朽战功。

组建临时省议会是胡汉民又一个要做的事情。广东独立之初，曾组成各界代表大会作为议政机关，但组成复杂，除了革命党人外，还有旧绅商和咨议局旧议员。有人欲借用会议之名为自己揽权，因此，各界代表大会不能真正反映民意。1911 年 12 月 5 日，广东各界代表大会召开了第三次会议，参都督黄士龙利用旧咨议员，提出"统一军权""军民分治""三都分权"等提议，并暗中运动商界代表支持他的提议。由于胡汉民等人的坚决反对，黄士龙的阴谋没有得逞。

通过这件事，胡汉民意识到，各界代表大会凌乱复杂，决定立即成立临时省议会，代替各界代表大会成为真正的民意机关。于是，胡汉民与朱执信、陈炯明等人商议，制定颁布了《临时省议会选举办法》。选举办法贯彻了立法和行政分离的原则，规定凡军政府现任各级官吏、警察官长、现役军人和军官，不得担任省议员。凡年满 21 岁，为广东籍或外省人在广东居住满 5 年以上，品德良好，不在政府、军警部门担任公职者，均有被选举权。选举法还规定了代表的比例：同盟会代表 20 名、军团协会代表 21 名、华侨代表 12 名、学界代表 9 名、"自治团"代表 1 名、各地区代表 57 名；并且明文规定，女议员在全数 120 席议员中应占 10 名。

按照比例选举议员而建立起来的临时省议会，显然具有比较广泛的代表性，对政府的工作也起了监督和促进作用。特别是对华侨、学界、女性代表的规定，它摒除了清末咨议局选举法对当选议员须有功名、官衔、财产的规定和性别、籍贯的限制，反映了民主精神与共和政治的要义。尤其是选举产生了女参议员，给予妇女参加政治的权利，"议员有女子，乃为亚洲所创见"。

接下来胡汉民大力推进政治体制改革和建设。为了清除清政府的封建官衙习气，军政府宣布，"官吏为自治机关之职员及人民之公仆"，"应以先生或君相称"，废除"大人""老爷"的称呼。在扫除旧官衙作风方面，胡汉民等身体力行，将官衙的"所有旗鼓仪仗，差馆官厅，一概撤去"。他积极接待来访者，"虽定时间，若有要事，则无论军民人等，随到随请，尚无阻隔之弊"。首任民政司司长陈景华对来访者"向持平等主义，无论何人因公来见，均与接谈，有所陈请，无不立予办理"。胡汉民还在报纸上发表公告，谢绝亲朋故旧钻营，坚持任人唯贤，遇有亲朋故旧求官者，"无不遭其痛斥"。

胡汉民推行的这些举措，体现了革命党人对民主政治的热切追求，同时也开创了广东政坛的新风气。

广东光复之初，广州的社会秩序较为混乱，旧政府的官吏都逃亡外地，形同无政府。所以，胡汉民上任之初，就整顿治安，革除陋习。他先组建警察队伍，健全警察机构，镇压企图阴谋破坏新政权的反动分子，维持社会治安。然后，对一些社会陋习明令禁止和革除。如颁布了《禁烟规则》十二条和《禁烟章程》，实行严厉禁烟。查禁拐卖华工的行为，废止跪拜，禁止纳妾，摒弃缠足等。

从 1911 年 11 月 10 日到 12 月 25 日，胡汉民督粤不到两个月的时间，面对新旧政权的更替、社会秩序的重建，除旧布新，百事初创，其艰辛和困苦可想而知。胡汉民、朱执信、廖仲恺、陈炯明等人密切配合，日夜操劳，废寝忘食，常常每日休息仅一两个小时，用激情和热血，建设新政权，推行了一系列具有民主主义性质的新措施，开创了新的政治局面。

二、筹建民国政府，任总统府秘书长

武昌起义后，国内革命形势蓬勃发展，建立统筹领导革命的全国性政府显得尤为迫切，在国内革命党人一再要求下，孙中山在1911年12月下旬，由欧洲途经香港回国。

得知孙中山回国之讯，胡汉民非常高兴，亲往香港迎候。

当时在各地革命形势冲击下，清政府不得不启用袁世凯，袁世凯则利用手中掌握的军权，对清廷威逼利诱，对革命派又打又拉，欲从中渔利。而革命派内部，对革命的宗旨和目的的认识也不一致，有的认为革命只是推翻清廷统治的民族革命，对革命后建立政权的具体形式也有分歧。胡汉民在去香港前，曾与广东军政府的朱执信、廖仲恺、陈炯明等人商议，想请孙中山留在广东。

见到孙中山后，胡汉民与他讨论国内的革命形势及其发展问题。胡汉民提出，请孙中山留在广东再图进一步发展。胡汉民认为，清政府已丧失人心，其垮台已是眼前之事。袁世凯拥兵自重，"实叵测，持两端"，是革命党人面临的一个劲敌，革命若求彻底，必须清除他。而清除这个劲敌，只有靠革命军队，靠广东的革命军队。孙中山若北上，众望所归，必被拥戴，但无直接可用之兵，号令难行，将无所作为。

孙中山认为，就全国的革命形势来看，沪宁是首当其冲的前方，革命领袖若退就粤中，是避难就易，会使革命党人大失所望，影响革命阵营的士气。现在面临的形势中最急切的问题是，建立统一的革命政府，聚合革命的力量，这样，袁世凯也就不足以为患，"我若不至沪宁，则此一切对内对外大计主持，绝非他人所能任"。在孙中山的坚持下，胡汉民被说服了，孙中山不仅不留在广东，而且还要担任广东都督的胡汉民随之北上。

胡汉民以大局为重，"余当从先生之言相偕北上"，暂时放下了广东省都督职位，来不及回广州安排军政工作，就直接从香港前往上海。他只得写信托廖仲恺带给陈炯明、朱执信、胡毅生等人，委托陈炯明代理都督职务。

1911 年 12 月 25 日，在胡汉民的陪同下，孙中山一行抵达上海，受到了陈其美、黄兴、汪精卫等人的迎接。抵沪的第二天，孙中山召开同盟会最高干部会，胡汉民、汪精卫、黄兴、陈其美、宋教仁、张静江、马君武、居正等人参加，在孙中山的提议下，会议决定，成立临时政府，采行总统制。

随后，黄兴、宋教仁等人去南京，召集独立的各省代表开选举大会，1911 年 12 月 29 日，已宣布独立的十七个省的代表举行会议，进行了临时大总统选举，孙中山以十六票当选。胡汉民得知消息后，立即在旅沪的广东省籍同乡中募资七十多万元资金，以资助新政府。

1912 年 1 月 1 日，孙中山到南京，就任中华民国临时大总统，改元为中华民国元年。1 月 3 日，代行临时参议院职权的各省代表会依据临时政

任中华民国临时政府秘书长时的胡汉民（前排左五为孙中山，左四为胡汉民）

府组织大纲，选举黎元洪为副总统，通过了大总统提出的临时国民政府各部部长、次长及总统府秘书长人选，胡汉民担任总统府秘书长。

总统府的秘书长，是一个非常重要的职位，在没有实行内阁制的情况下，秘书长相当于"总理"，可以说是一人（总统）之下、万人之上。当时与孙中山意见不一的章太炎，在《大共和日报》上撰文，评论道："临时政府成立以来，宪法未定，内阁既不设总理，总统府秘书官长，乃真宰相矣。"如此重要的位置，孙中山托付给年仅34岁的胡汉民，不仅仅是由于他的才能足以胜任，更重要的是大总统对他的信任。孙中山看重了胡汉民的忠诚，也看重他对自己的政治理想和政治意图能够较好地理解和贯彻。

胡汉民也没有辜负孙中山的期望，勤勉工作，以身作则。民国刚刚建立，百事待举，加上秘书长又是一个要管很多事的忙碌角色，胡汉民做事一丝不苟，喜欢亲力亲为，因此当上总统府秘书长之后一直非常忙碌，总是夜以继日操办大小事务。往来的文件通告，胡汉民要亲自过目；各地求见孙中山的人，胡汉民要先接待，并仔细审查，严加把关，区分轻重缓急，再决定是否报与总统。为了更好地做好工作，胡汉民住在孙中山的寓所里，每天晚上都向孙中山汇报日间所施行的重要事件，对于未及实施的事项，报告其原委。所以，胡汉民常常通宵达旦不能休息。在秘书长三个月的任期内，胡汉民还致力于建立各项典章制度，在官制、军制、财政、教育、司法、实业、交通、考试等方面，都订立了基本制度。与此同时，还发布了大量的政策法令，如宣告五族共和、保障人民自由权利、严守法律、严禁刑讯和体罚、禁止阶级歧视、禁止官吏非法扰民、禁止贩卖人口和贩卖"猪仔"、严禁鸦片等。

胡汉民大胆革故鼎新，一扫封建官僚的腐败习气和特权观念。他亲自确定总统府职员的薪俸，从他本人到录事，不分官级，一律月给三十元，以示平等。

胡汉民自己以身作则，一身正气，廉洁奉公，不谋私利。书生性格的胡汉民办事执着，一丝不苟，但也喜欢走极端。他在整个秘书长任内，不徇私情、秉公办理，为了不影响工作，竟一封私信也不拆阅。胡汉民的堂嫂买了个婢女，有一天婢女做错了事，被主人体罚。婢女的父亲到警察厅去告状，警察厅长见是秘书长的亲戚，就告诉了胡汉民，并征询他的处理意见。胡汉民毅然表示，买卖人口是非法的，应将婢女交还给他的父亲。胡汉民的堂兄非常生气，找胡汉民理论，胡汉民劝解并训斥堂兄："我怎么能帮助你犯法，现在实行三民主义，讲求人人平等，怎么还能容许人口买卖？"

新政权建立后，许多人包括一些革命党人在内，都视为谋取官位的大好时机。胡汉民在其职权范围内，严格实行唯才是用的原则。临时政府成立后，"状元资本家"、实业部部长张謇，向胡汉民推荐自己的门徒十余人到总统府任秘书，胡汉民认为不合适，全部拒绝录用。张謇得知后，极

图为孙中山、黄兴于临时参议院成立时与议员们合影（前排左三起：蔡元培、黄兴、孙中山、赵士北、魏宸组、胡汉民）

为不满，讥讽胡汉民是"第二总统"。

在工作中，胡汉民不仅严于律己，而且要求他人也很严格。总统府有个姓沈的庶务长，在外招摇撞骗，自称内务大臣，强横霸道，恣意征用民间的车马却不给分文报酬。老百姓告到总统府，胡汉民非常气愤，将沈某交给江苏都督庄思缄正法，以正视听。继任的庶务长是应夔丞，并兼卫队长，也很跋扈，胡汉民也要杀他，后因孙中山不同意，以革职了事。

胡汉民要求秘书撰写布告等公文，要平实简易，让人容易明白。有一次，让秘书雷铁铮执笔写一告北方将士的布告，雷铁铮在行文中用了些艰涩的词语，胡汉民只好找人另写。雷铁铮也是同盟会的老会员，对此很不高兴。不久，雷就被免去了秘书职务，只好写诗自嘲："十年革命党，三日秘书官。"

总统府的事项繁杂，其中有不少事需要进行协调。虽然胡汉民生性耿介，但为了革命全局，不得不居中协调各方。成立临时政府时，同盟会的领导层就发生了内阁制与总统制之争，孙中山等人主张总统制，宋教仁等人主张内阁制，争论不休。在外部斗争还比较激烈的情况下，革命党内部意见不一致，影响了革命党的形象，也使孙中山的思想、主张难以贯彻实施。胡汉民在这种情况下，经常作斡旋、调解的工作。他代表政府出席参议院会议，向议员们力陈和政府意见不一致的危害，劝解议员们坚决支持、信任政府的工作。

在工作中，胡汉民敢于承担，把一些难以处理的事揽到自己身上。有一次，安徽都督孙毓筠派专使到南京，向临时政府求援，亟须军饷。当时临时政府最棘手的就是财政问题，中央政府财政"匮乏已极"，而求饷械之人络绎不绝。安徽求援时，中央政府"金库仅存十洋"。但大总统孙中山并不知晓陷入如此之窘境，为了显示新政府的实力，借以安抚人心，当即批给安徽二十万元交由胡汉民办理。胡汉民只好东挪西借，凑得十万元。安徽专使只得到大总统所批的半数，当然非常不满，抱怨胡汉民不执行孙中山的命令。而胡汉民又不能说出实情，只好代人受过。

还有一件事，说明了胡汉民机智应变的办事能力。南北议和中，孙中山同意辞去临时大总统，但提出临时政府设在南京，袁世凯须到南京就职。临时参议院与孙中山唱反调，通过了临时政府设于北京的提议。孙中山、黄兴十分气愤。眼看南京内部矛盾有进一步激化的可能。胡汉民发挥他居中调停的长处，趁孙中山和黄兴一行人外出之际，迅速起草关于临时政府地点的提案，然后以临时大总统的名义，依法提请参议院复议。待孙中山回来，此事已解决，一场风波就这样被胡汉民化解了。

对南北议和问题，胡汉民极力劝说孙中山"让位"于袁世凯。当时在革命党内部，许多人都支持南北议和，包括宋教仁、黄兴、章太炎、汪精卫等人。孙中山在临时政府成立前就反对议和，就任临时大总统后，始终不愿妥协议和。而担负内外重要责任的革命党人大都倾向于议和。黄兴曾说过："和议若不成，自度不能下动员令，惟有剖腹以谢天下。"胡汉民身处政府中枢，对临时政府面临的困难窘境感受深切。原设想靠向外国借款以渡过财政危机，因外国不予承认而无法实现；军事上，袁世凯力量强大，对革命军形成重大威胁。种种困境，再加上胡汉民当初北上时就对革命党人能否在袁世凯武力之下长期执政存有疑虑，都让他觉得，舍"让位"给袁世凯而外，已别无他途。所以，胡汉民经常向孙中山报告革命党人极力主张南北议和的观点主张，力劝孙中山让位于袁世凯，在孙中山犹豫时，他甚至用孙中山曾说过"谁能推翻'满清'，我就让位给谁"的话，激劝孙中山履行诺言。孙中山最后不得不"委屈以从众议"，同意南北议和，"让位"于袁世凯。

孙中山及革命党人对南北议和问题及让位给袁世凯所犯的这一重大"政治错误"，胡汉民可谓"罪之魁"。当时，汪精卫极力斡旋于伍廷芳、唐绍仪之间；胡汉民"力挽先生之意于内"，胡、汪二人"可云功之首，而罪之魁"。本来革命党人为之浴血奋斗的辛亥革命，结束帝制开创民权，为我国开创民主革命的新时代，但却以让位于袁世凯而悲壮地结束了。孙中山后来反思道："为情势所迫，不得已而与反革命的专制阶级谋妥协。此种妥协，实间接与帝国主义相调和，遂为中国第一次失败之根源。"胡汉民后来也认识到了这一点："举政权让之专制之余孽、军阀之首领袁世凯其人，则于革命主义为根本矛盾，真所谓'铸九州之铁，成此大错'矣！"

总的来看，胡汉民作为临时政府秘书长，三个月的任期内，夙兴夜寐，勤勉认真，辅佐孙中山执掌全国第一个资产阶级政权，功不可没。"第二总统"的讥讽，正从反面说明了他的重要作用。正如汪精卫所说："唯负责，故有此谤；毁之，适以誉之耳。"

三、遵从总理建议，复任广东都督

南北议和达成协议，孙中山于1912年4月1日卸任临时大总统职务，临时大总统府秘书长胡汉民也同时卸任。胡汉民原想卸任后到欧美留学，孙中山以"国事未定，当留国内相从"为由进行劝阻，胡汉民听从了孙中山的劝阻，同时拒绝了袁世凯请去北京担任政府高级顾问的邀请，与汪精卫、廖仲恺等人一起，陪同孙中山在4月3日离开了武汉，经上海、福州，同月底到达了广州。

在广州，孙中山一行受到了热烈欢迎。出生在广东的孙中山，多年来，为了革命理想，四处奔波，有家不能回，阔别家乡近20年才再次回到故土，欣喜激动的心情可想而知。到达广州的当晚，广东代都督陈炯明在都督府设宴招待。席间，陈炯明问胡汉民今后的打算，胡汉民回答，今后想专心从事社会教育，宣传本党的三民主义。陈炯明笑着反问道：你怎么能够过得如此悠闲呢？

陈炯明对胡汉民的试探性问答是有目的的。胡汉民离开广州追随孙中山到南京就任总统府秘书长后，把广东都督一职暂让陈炯明代理，现在原都督回来了，按常理代理之人交还都督职位也很正常。回粤之后胡汉民对陈炯明的回答，看似无心，实则有意，虽没有谈到都督职位的问题，但避而不谈正说明他对这个职位的关注，既没有表示让陈炯明继续代理或正式担任都督职务，也没有说出卸任总统府秘书长之后要做比担任广东省都督更重要的事情。而陈炯明也没有当面表示让胡汉民复任广东省都督职务。二人问答背后各自的目的表露无遗。

宴会结束后，陈炯明便留下印信，轻车简从，离开了住所，登上了前往香港的轮船。临行前，他告诫部下，服从命令，拥戴胡汉民继任都督，

1912年4月3日，孙中山离开南京赴上海，偕行的有胡汉民、廖仲恺等。图为孙中山、胡汉民等离宁赴沪前与黄兴、唐绍仪等人合影

以免生意外危险。同时还留有给省临时议会的信，说明挂印离粤的原因："炯明负罪我粤，数月于兹矣！今幸孙、胡二公惠然返梓，瓜代有人，得释巨负，藉免重咎，窃自欣幸，千祈贵会即日推举孙公或胡公接理，以待汪公之回，俾定人心，免贻罪戾，不胜切祷。"为了避免因他突然离去而造成军队混乱情况，他还给粤军官兵留了一纸遵守命令谕："炯明告假省亲，业已咨照省会请胡汉民君代理。各军人对于继任都督，自当遵守命令。若将来军事需人料理，当可遄返，受众驱策。"这也为他重返粤督军，预留了伏笔。

陈炯明不辞而别的第二天一早，邓铿便以陈炯明有要事相商为名，把胡汉民请到了都督府。到了都督府，胡汉民才得知陈炯明已挂印而去。这时，已在都督府的朱执信和请胡汉民来都督府的邓铿，请胡汉民为粤局安危计，复任广东都督职位。胡汉民表示不愿再作"冯妇"，请陈炯明回来继续负责。朱、邓二人再三劝说，胡汉民还是不答应。朱执信只好提议，是否复任都督职已不是个人的问题，"今日为党，为广东，兄皆不能存个人自由意见"，征求孙中山意见之后再做决定。

广东对孙中山等革命党人来说，是根据地，是无可替代的后方。因此广东省都督一职孙中山也极为关注。孙中山建议胡汉民不要推辞，复任都督职。孙中山认为，胡汉民原为广东都督，只是为了革命的全局大业，才由陈炯明代理都督职，陈炯明在胡汉民回到广州后让位于胡，正是陈炯明识大体、顾大局的体现。胡汉民仍在犹豫，已经向陈炯明表示过要专心从事社会教育工作，怎好出尔反尔。孙中山最后使出激将法，表示愿做胡汉民的秘书长。胡汉民惊骇不已，遵从了孙中山的意见，复任广东省都督，同时提出一个条件，陈炯明回广东掌管军事。陈炯明得知后，返回了广州。

1912 年 4 月 27 日，在议决胡汉民复任都督的广东省议会上，孙中山发表了演讲，称赞了胡汉民的为人做事，表示了对胡汉民的充分信任与全力支持。在讲到动情处，孙中山握住胡汉民的手高高举起，说："胡汉民先生之为人，兄弟知之最深，昔与同谋革命事业已七八年，其学问道德，均所深信，不独求于广东难得其人，即他省亦所罕见也。前革命军起时，兄弟约其同到江南，组织临时政府，彼力为多。嗣兄弟蒙参议院选举为临时大总统，一切布施，深资臂助。迹其平生之大力量，大才干，不独可胜都督之任，即位以总统，亦绰绰有余。"对一些人在前一段时间胡汉民督粤时表露出的意见和不满，孙中山也作了解释，"此不足为怪。即以孔子复生，处于今日，亦必有人非之者，然不能以一眚掩大德也"。

胡汉民复任广东省都督后，同时兼任民政长、同盟会广东支部部长。为了整顿民军和肃清盗匪，设总经略处，陈炯明为"总经略"，后又改为总绥靖处，陈炯明为总督办。此外，邓铿为陆军司司长，廖仲恺为财政司司长，罗文干为司法司司长，朱执信为核计院院长，邹鲁为官银钱局总办。广东都督府的机构设置参照了东西方各国的新制，具有破旧立新的开拓意义。机构人员的组成尤其是司、厅、署、处、院、局的首长，胡汉民坚持"非同党不用"的原则，形成了军政两界、重要机关，都是由同盟会员掌其权。

胡汉民复任都督后，治粤的方针是，按照孙中山提出的期望，把广东建设成一个模范省。

在内政方面，认真执行孙中山"全力禁烟"的指示，在已经颁行的《禁烟规则》和《禁烟章程》之外，命令严禁军政官员吸食鸦片，民众吸食者限期戒断。凡政界中人被发现吸食鸦片者，"立予革除"；军人中吸食鸦片被发现者，无论官兵，"即行枪毙不贷"；吸食鸦片的民众限在1912年12月31日前戒断，"过期不断者给予惩办"。为了根治烟毒，胡汉民多次发布命令，严禁私种罂粟烟苗，偷种罂粟烟苗者，一经查获，即将种户拿办、田产充公，并将所在地方官撤职。同时，努力查禁和杜绝私烟偷运进境，加大投入奖励海关缉私烟人员，对缴获的烟土、烟具等进行集中销毁。到1913年夏，省城广州的烟毒基本扫除，各县的烟犯也有减无增。

赌博是一大社会公害，胡汉民和总绥靖处督办陈炯明多次发布禁赌令示，采取了一系列措施严厉禁赌。对麻雀牌等赌具进行没收查获并销毁，将各处赌场、赌馆一律查封；对赌犯施以重刑，或杀或关；地方官吏对禁赌不力者，"定治于纵赌弛禁之罪"。这些措施很快刹住了赌风。

对当时的买卖人口蓄奴及娼妓现象，军政府也颁行措施予以治理。胡汉民、陈炯明都多次谕令取缔娼妓营业，警察厅制定了《取缔娼妓章程》，令所有的妓馆停业，娼妓自谋生计。民政司制定了《取缔贩卖人口章程》，严厉打击拐卖"猪仔"。清末很多被拐卖到海外做苦力的华工被称为"猪仔"，他们受到非人的待遇，境况凄惨。军政府严厉缉查"猪仔头"拐骗华工出洋的事件，解救被拐骗者，对罪大恶极的"猪仔头"处以极刑。军政府还制定了解放女婢、仆役、疍民的政策，强制解放女婢。

军政府虽然面临着较为困难的财政状况，但还尽力减轻民众的负担，不仅废除了苛捐杂税，还多次下令剔除征收钱粮中的加抽毫厘等陋规。胡汉民几次下令对官员进行减俸，1912 年 10 月 21 日下令，官员月俸 400 元以下者减俸十分之一，400 元以上者减俸十分之二；11 月 15 日又下令，官员月俸 50 元以上者实支九成，100 元以上者实支八成，都督则支薪七成。另外，在民生方面，军政府惩办匪徒，维持社会治安，保护民众的生命财产，对灾民进行救助，对旗人的生计也给予照顾安排。

胡汉民特别重视基层政权的建设和清明吏治。在官吏选拔方面，制定了《粤省选用官吏及奖惩暂行条例》和《考试县长章程》，明确规定官吏的选拔标准与具体考核办法。胡汉民对官员的委任"慎之又慎，不敢苟且"，对官吏的考核，发动民众监督、检举。如对县长的选任，由省署的同事参与举荐贤能者，或从省署各厅司长、科长、秘书中选拔。但因受积弊的影响，官吏中贪赃枉法也时有发生，而胡汉民治吏严格，每有枉法者即行革职，以至广东全省 94 个县，一年平均每县更换县长达三次之多。此一方面说明治粤之艰难；另一方面也说明了胡汉民望治之心切，治吏之严格。

在发展经济实施民生主义方面，胡汉民努力推行地价税契案和赋税改革，鼓励发展实业。省议会和军政府先后颁布了《广东换契简章》和《乡村换契简便办法》，力图从改革地税入手，逐步实现孙中山提出的土地国有的社会革命，以发展农业资本主义和建立新经济制度。军政府采取措施，发展农、副、渔、林各业，实施奖励土货的政策，奖励工艺改进和发明，开发矿业等，使民初的广东成为民族工业发达的地区之一。据统计，1912 年全国使用近代机器生产的工厂有 363 个，广东有 136 个，约占 38%，在全国处于领先的地位。

军政府十分注意改革旧教育和发展新教育，力图发挥新式教育在建设中的作用。如整顿教育机构，实行教育体制改革，注重发展师范教育和小学基础教育，改革教材和课程设置，重视社会教育，鼓励有为青年出国深造。

总之，在胡汉民督粤期间，制定颁布了一系列革命措施，除旧布新，力图践行孙中山提出的把广东建设成一个模范省的目标。但是，内部的矛盾仍然较大，这些矛盾有都督府和省议会、胡汉民和陈炯明、军政之间的矛盾等。1912年6月，广东省议会以胡汉民不公布省定约法为由，致电北京当局，弹劾其蹂躏法权，称都督胡汉民厉行军制，"对于省议会通过各案，多不执行，省定约法，久不公布"。因此，胡汉民在广东建设一个模范省的愿望和目标还面临诸多困难。

在督粤期间，胡汉民还提出了"分权"的主张。早在中华民国临时政府时期，胡汉民鉴于中国数千年专制的传统，加上地域广大，交通不便，就主张建立效仿美国的联邦制政府。回到广州复任都督后，胡汉民在1912年5月25日致电北京和武汉，呼吁中央分权于各省。在通电中，胡汉民指出，在《中华民国临时约法》中没有明确规定中央和地方的权限，只有先解决中央与地方的权责关系这一根本问题，才能够建设其他的制度。当今世界，有集权和分权两种主张。他认为，此时不能采取集权制，"一则视察难周，易启奸人生心；一则易使人狃于故常，不能唤起其爱国之念；最大之患，则在使全国易返专制，稍不幸则全局皆翻；且其国内治既未完全，与其赖中央数人之力以整顿，不若分权各省自为整理成功较易。故在此时代，以分权为当。中国今日所处之地位，为由内治未完全而期进于完全之过渡时期，不能骤采纯全之集权制，而处处又不能不留将来集权余地，最宜用有限制的集权说，取集权制之利。以立法、司法两权集于中央，至行政权则取其可集者集，其为时势所不许集者，则授权各省，仍留将来集权地步"。胡汉民还就中央与地方权限的划分，进行了列举，在立法方面，各省在不抵触中央所定的根本法范围内，可以自定单行法；在行政方面，外交权属于中央；币制、关税、盐税、国内间接消费税等属于中央，其不足者由各省承担；各省财政权除属中央者外，可以自定税法及其征收法；军政军权中经划军制、计划各省军队数目、筹设海军、筹设中央兵工厂、筹设及整理海陆军教育机关、海陆军之调动计划等权属于中央政府,征兵令的执行、调动省内海陆军、整饬省有兵工厂等权归地方;各省都督的任用,由国务院保荐三人,交省议会选定一人,任期为四年;司法方面,采取四级三审制,地方司法官由中央定其资格,省都督任命。

胡汉民的分权主张,代表了袁世凯接任中华民国临时大总统后革命党人的观点,希望以此来与袁世凯执掌的中央政府相抗衡。但这样的革命主张,当然不会得到袁世凯中央政府的支持。

正当胡汉民在广东进行模范省建设之际,宋教仁热心于中华民国第一届国会的选举,宣传组党,准备组成第一届责任内阁。孙中山在辞去临时大总统前,南京临时政府颁布了《中华民国临时约法》,其中规定,在本法施行后 10 个月内,举行国会选举,由国会制定宪法并选举正式总统。宋教仁热心于资产阶级的议会制度,主张"毁党造党",放弃同盟会的名称。1912 年 8 月 25 日,宋教仁吸收共和党、国民促进会、共和协进会、国民公党等与原同盟会一起,组成一大党 —— 国民党。国民党选举孙中山为理事长,黄兴、宋教仁、王宠惠等为理事,胡汉民等二十九人为参议。1912年 8 月 27 日,袁世凯颁布了临时参议院制定的《中华民国国会组织法》《参议院议员选举法》和《众议院议员选举法》。随后,宋教仁投入到紧张的选举活动中。1913 年初,第一届国会议员选举结果揭晓,国民党获得压倒性的胜利。在众议院的 596 个议席中,国民党获得 269 个,占 45.1%;在参议院的 274 个议席中,国民党获得 123 个,占 44.9%;国民党在国会参、众两院共获 392 个席位,虽未能达到超过半数的地位,但所占议席数,远远超过了其他任何党系。1913 年 3 月 20 日,正当宋教仁满怀胜利喜悦踌躇满志从上海前往北京参加国会、准备组织责任政党内阁之际,被袁世凯派人刺杀于上海火车站。

宋教仁被刺案发生后，一部分革命党人才猛然警醒，袁世凯并不可靠。孙中山主张立即兴兵讨袁，发动二次革命。革命党内部有一部分人则主张通过法律途径解决宋案。当时革命党人担任都督的有四省，广东（胡汉民）、湖南（谭延闿）、江西（李烈钧）、安徽（柏文蔚），四省中李烈钧、柏文蔚支持孙中山的武力讨袁主张，胡汉民则主张通过法律途径解决。一向服从孙中山的胡汉民，当接到孙中山要他在广东首先发难的指令时，他以"时机未至"拒之。所以，孙中山武力讨袁的决策，因无一省愿意担当首先发难之艰任，无法实施。

　　与革命党人犹疑不定不同的是，袁世凯在加紧独裁的各方面准备。1913年4月26日，袁世凯与英法德俄日五国银行团签订了二千五百万英镑的借款合同，孙中山认为这是袁世凯在筹集与革命党人宣战的经费，国会中国民党议员坚决反对。胡汉民也加入了反对的行列。5月1日，他以广东省都督兼民政长名义通电抗议，指出，借款为全国人民所负担，不经国会同意，明显违于临时约法。另外，国会已经成立，临时政府不日即将被取代。5月5日，胡汉民又与谭延闿、李烈钧、柏文蔚联名以广东、湖南、江西、安徽四省都督的名义通电抗议，"违法借款，人心一失，窃维虽有大力，无以善其后"。

　　在广东省都督任上的胡汉民，对待反袁问题上，并不是非常积极主动的，表现出其软弱的一面。胡汉民坚持主张在法律范围内解决问题，即使他一向敬仰服从的革命领袖已经认清了袁世凯的真面目，坚决主张武力讨伐袁世凯而让他带头举旗时，他也一改以往服从孙中山的做法，以各种原因搪塞。同时还一再致电袁世凯，表明与中央政府一致的立场，"南北统一以后，无日不以敉平内乱，横卫中央为主旨，与公密迩，当知鄙怀"。其动摇、软弱的特性再一次暴露出来。

　　袁世凯当然不会用什么所谓的革命党人制定出来的约法来束缚自己，

当他一切准备妥当之后，便再次向革命党人下手。1913 年 6 月 14 日，袁世凯以大总统名义免去胡汉民广东省都督兼民政长职务，调为西藏宣抚使，以陈炯明为广东都督。胡汉民再次以软弱示人，并没有抗议反驳，而是在 6 月 20 日，通电辞职。他在向陈炯明辞别时说了一段表露其当时心迹的话："弟以孱躯凉德，本不胜疆寄之任；奉命使藏，尤非所长，福国利民，当以期之贤者。……现拟今天落港，先与精卫畅谈一宵，然后赴沪，与叶夏声组织报馆，绝不再入政界，以受此无价值之毁誉也。"

袁世凯在免除胡汉民广东省都督兼民政长职之前，已于 6 月 7 日先下令免除了李烈钧的江西省都督的职务，6 月底又免除了柏文蔚安徽省都督的职务。在袁世凯的一再逼迫下，7 月 12 日，李烈钧在江西湖口起兵讨袁，并宣布江西独立；15 日，黄兴在南京宣布独立；18 日，陈炯明在广州宣布独立，二次革命的武装斗争正式开始。但在袁军的进攻之下，仅二十多天，二次革命即告失败，国民党也被解散，8 月初，胡汉民跟随孙中山离国前往日本流亡。

第五章

护国讨袁护法

襄助建党，宣传继续革命和反袁

奔波调和，参与护法斗争

办《建设》杂志，宣传唯物史观

一、襄助建党，宣传继续革命和反袁

二次革命失败后，革命党人对江西、安徽、广东、湖南的控制权，先后失去。袁世凯的北洋军控制了全国的绝大部分地盘，革命党人的骨干分子纷纷避往国外，国民党遭受到重大打击，辛亥革命的成果，只留下民国一块招牌。革命形势一下跌入低谷，革命党中一部分人，受到袁氏的威胁利诱，变节投降；一部分人革命意志消沉，丧失了旺盛的革命斗志，消极悲观，缄口不谈革命。

在逆境中愈挫愈奋的孙中山，深入分析了二次革命失败后的形势，认为在袁世凯的统治下，民困不苏、匪乱不靖、军队骄横、执政荒淫，此四点足以说明袁世凯的统治不能持久，再次爆发革命不可避免，只要大家振奋革命精神，不出五年，推翻袁世凯的统治必能成功。而第二次革命的失败，"非袁氏兵力之强，乃同党人心涣散"，革命党人内部思想混乱、组织严重不纯。针对革命党人队伍的状况，孙中山决定组建一个纪律更加严明、能够服从统一领导的革命党。1913 年 9 月 27 日，孙中山亲手拟定中华革命党入党誓约，以"发起重新党帜"。并规定：凡欲加入中华革命党者，无论其在党的历史及资格如何深久，皆须重写誓约，加按指模，以示坚决。在这一天，王统、黄元秀、朱卓文、陆惠生、马素首立誓约，成为中华革命党第一批党员。同月，在日本的戴季陶等人及国内的张静江、蒋介石等人也立誓约加入了中华革命党。

随同孙中山一起来到日本的胡汉民，并没有在中华革命党创立之初即加入，其原因在于：胡汉民还没有从二次革命失败的阴影中走出来，担任广东省都督及大总统秘书长的 20 个月时间里，复杂烦琐的政治斗争和具体事务，消磨了他的革命意志和热情，甚至有些厌倦，想要逃离。对此，

胡汉民在中华革命党成立大会上（前排左起：廖仲恺、居正、胡汉民、孙中山、陈其美、许崇智）

胡汉民在督粤期间的一些言谈电文中已有所表露。另外，他对时局及新组建政党入党程序的认识，并不完全与孙中山一致。孙中山认为，第二次革命失败的原因，主要是革命党人不听从他的号令，因此在组建新的革命党——中华革命党时，要求"凡入党的人，须完全服从我一个人"，并须宣誓："愿牺牲一己之生命、自由、权利，服从孙先生再举革命"。对这种具有浓厚会党宗派色彩的做法，黄兴坚决反对，胡汉民和李烈钧、谭人凤、张继、陈炯明、朱执信等人也有异议，持保留态度。但是，胡汉民毕竟追随孙中山多年，看到革命党人中的意见分歧，令人痛心，乃发挥自己"长于调和"的本领，力图努力促成革命党人内部意见的一致。胡汉民私下约居正、田桐等十余人，经过七个多小时的研究，商议一个折中的办法，建议孙中山将入党誓词中大家分歧较大的一句话"服从孙中山"，修改为"服从中华革命党之总理"。随后，胡汉民派人分别向孙中山和黄兴等人说明，但陈其美坚决反对，这次调和并不成功。胡汉民还试图通过与黄兴关系密切的章士钊做黄兴的工作，但章士钊坚辞不就。孙中山和黄兴这两位革命党中的旗帜性人物，在中华革命党的誓词方面无法达成一致，黄兴从大局考虑，不便留在日本，不久去了美国。

在调解双方的同时，胡汉民不是完全站在中间立场上的，他是倾向于孙中山一边的。经过他的调和解释，在他的影响下，一些对中华革命党抱有很深成见的革命党人，逐渐接纳了孙中山的建党主张，至 1914 年 4—5 月间，入党者已达到四五百人，胡汉民也于 1914 年 5 月 1 日，亲书誓约，加入了中华革命党。为此，孙中山欣慰地说，"吾党分崩之象悉已消灭"。为了加快建党的步伐，早日掀起新一轮革命高潮，孙中山指示陈其美、胡汉民、田桐、杨庶堪、周应时等人成立筹备委员会，讨论组织机构、干部选举、党员大会等问题，为成立中华革命党总部作准备。

为进一步扩大宣传，在孙中山主持下，1914 年 5 月 10 日，创办了《民国》杂志，胡汉民担任杂志总编，朱执信、田桐、苏曼殊、戴季陶、邵元冲、邹鲁、叶夏声为编辑。《民国》杂志社门首，悬牌"民国社"，是中华革命党在日本公开的通信处，也是一般党员聚会的处所。5 月 16 日，中华革命党筹备委员会召开第一次筹备委员会议，胡汉民作为十五名筹备委员会成员之一参加了会议。6 月 6 日，胡汉民参加了孙中山召集的讨论中华革命党的干部人选的会议，会议初步商定了总理及各部部长名单。6 月 21 日，在《民国》杂志社召开了筹备成立中华革命党的党员大会。陈其美逐条说明了中华革命党总章，介绍了各部部长的人选，与会党员对上述问题也发表了各自的意见。6 月 23 日，召开中华革命党选举大会，选举孙中山为中华革命党总理。这样，经过半年多的努力，中华革命党正式成立的条件已经成熟。

1914 年 7 月 8 日，中华革命党在东京筑地精养轩举行大会，正式宣告中华革命党成立。大会先由居正说明成立中华革命党总部的理由和大会宗旨，接着是孙中山当众入盟，由胡汉民主盟，陈其美和居正为介绍人。入盟后，孙中山就任总理，并发表了演讲，号召党员团结一致，亲爱精诚，统一步伐，为第三次革命的兴起努力奋争。大会结束时，一致通过了《中华革命党总章》。

根据《中华革命党总章》，总理之下设协理一人，孙中山提出曾任过都督的都可以当选，当时正好人在日本且曾任过都督一职的只有四人，李烈钧、柏文蔚、陈其美和胡汉民，由于李烈钧和柏文蔚二人没有加入中华革命党，符合条件者仅陈其美和胡汉民二人，陈、胡二人互相谦让，结果协理之职从缺。中华革命党本部设总务、党务、军务、政治、财政五部，各部设正、副部长各一人，孙中山任命的各部人选是：总务部正、副部长陈其美、谢持；党务部正、副部长居正、冯自由；军务部正、副部长许崇智、周应时；政治部正、副部长胡汉民、杨庶堪；财政部正、副部长张人杰、廖仲恺。胡汉民担任部长的政治部职责主要是：一是物色并培育政才，二是筹备中央政府，三是规划地方自治，四是审定建设规模。而全党当务之急是讨伐袁世凯，政治部当务之急的工作是进行反袁宣传。

中华革命党宣传的重要阵地是胡汉民担任总编辑的《民国》，《民国》为月刊，每期15万字左右。胡汉民亲自为该刊的创办撰写《发刊词》。在《发刊词》中，胡汉民列举了惰性的种种表现，分析了中国近代一般国民心理的弱点，"习于保守而具惰性，因诟理想违于事实"，这样的心理弱点容易被野心家所利用，野心家"弁髦宪法，蹂躏人权，袭民主之名，行帝制之实，亦曰维持现状以从民意"，就是利用了国民姑息心理的弱点，欺骗国民。另外，一般国民除阿附强权外，便往往沦于悲观。胡汉民强调，《民国》创办的目的就是：为了救济今日国民之惰性，"急图民智、民德、民力的进步，务使国民对于锢蔽民智、败坏民德、摧毁民力者，知有所择而不致惘从"。

胡汉民在《发刊词》中对一般国民性的分析，可谓切中要害，不仅仅对一般国民来说有此弱点，即是对革命党人来说，又有多少人何尝不是如此呢？此外，《民国》杂志还大力声讨袁世凯，揭露他窃取民国名位背叛"民国"，并先后登载了戴季陶的《中国革命论》、朱执信的《暴民政治者何》、田桐的《国家之治乱与社会》、胡汉民的《强有力之政府辩》《亡国之外债》、邹鲁的《袁世凯对内政策》《今之所谓约法》、邵元冲的《阴谋政治》等文章，揭露了袁世凯假民主之名，真专制之实；破坏约法，独揽大权，非法设参政诸院，剥夺了人民监督政府的种种权利；政事废弛，官僚专横等，皆是反潮流的倒行逆施，让国民看清袁世凯阴谋家、野心家、卖国贼的真面目。另一方面，《民国》登载了许多分析国民性之弱点、改造国民性弱点的文章，如朱执信的《生存之价值》《未来之价值与前进之人》《革命与心理》《无内乱之牺牲》《民意战胜金钱势力》，邵元冲的《国民性》，田桐的《名誉论》《品性论》等，提出改造国民性的一些观点和论述于今仍不失其意义。

　　二次革命失败后，孙中山并没有放弃武力推翻袁世凯统治的努力，在筹建中华革命党的过程中，孙中山采纳了陈其美等人的建议，派人到敌人力量比较薄弱的东北开展革命活动，但由于事情的泄露，政府加强了防备，只好暂缓进行。1914 年 6 月，中华革命党人领导的反袁武装起义首先在湖南发动，起义坚持了两个多月，最后失败。此次起义振奋了革命党人的斗志。中华革命党宣告成立后，孙中山召集胡汉民、田桐、廖仲恺、居正、许崇智、戴季陶等人，多次在一起讨论修订《革命方略》。《革命方略》分为六篇，其中对革命军的目的、制服、勋记、饷项、军政府的组织、军律、军法、举义前后之要务、攻取响应之要点等都做了具体规定。

　　袁世凯当上中华民国第一任大总统后，仍不满足，千方百计想复辟当皇帝。为了取得日本对其复辟帝制的支持，竟然接受了日本提出的灭亡中国的"二十一条"。此举激起了国内各界有识之士的强烈反对，同时袁氏复辟祸国的面目进一步暴露出来，革命党人内部原来还对袁世凯抱有幻想的人，也幡然醒悟，加入到反袁讨袁的队伍中。1915年8月14日，杨度等人发起组织"筹安会"，公然鼓吹帝制，为袁世凯当皇帝摇旗呐喊。胡汉民立即在《民国》上发表文章《警告杨度书》，以曾在日留学时同学旧相识的身份，严斥杨度"卖文求禄，曲学逢时"的无耻行径，指出："民国确认足下为罪人，袁家究不以足下为忠仆，徒博得十万金一时之挥霍，而身死名裂，何所取哉！"进一步奉劝杨度，"亦未尝不冀足下或惧斧钺之诛，遂能销声窜迹，则不至遗士林之辱；而民国前途，亦无逸罚之识。不然，足下有身，当知自惜，何待人言"。

就在孙中山领导的中华革命党也加紧了武力讨袁工作的组织筹备，决定建立一支中华革命党自己的军队，组织中华革命军东南军、东北军、西南军、西北军四个总司令部。1915年夏末，孙中山在东京委任陈其美为中华革命军东南军总司令，在上海设筹备处；居正为东北军总司令，在青岛设筹备处；胡汉民为西南军总司令，在广州设筹备处；于右任为西北军总司令，在陕西省三原县设筹备处。1915年11月，孙中山派胡汉民偕同宋振赴菲律宾，进行筹款，为武力反袁募集资金。直到1916年2月，胡汉民才从菲律宾返回东京，暂时接管中华革命党党务部的工作。

就在孙中山等革命党人进行反袁斗争的同时，国内反袁运动也在进行着。1915年12月12日，袁世凯冒天下之大不韪宣布恢复帝制，准备在1916年元旦正式称帝。西南军阀唐继尧在蔡锷等人的支持下，首先宣布云南独立，同时组织护国军，由蔡锷、李烈钧、唐继尧指挥，分三路向四川、贵州、广西进军。随后，贵州、广西、广东、浙江、湖南、四川、陕西等省纷纷响应。在众叛亲离之下，袁世凯被迫于1916年3月22日宣布取消帝制，但全国的反袁斗争并没有停止。4月15日，胡汉民化名"陈国荣"

到上海协助陈其美筹划讨袁的工作。5月18日，胡汉民与陈其美在寓楼上讨论筹款事宜，适有访客欲见陈其美，陈下楼不到半个小时，在楼上的胡汉民忽闻枪声，待下楼时，陈其美已经被刺身亡，凶手逃逸。胡汉民亲身经历了被孙中山誉为"民国长城""民国起义首功之人"陈其美遇难，悲恸不已，亲书挽联："其魄至弱，其魂至强，死者亦有知，豺狼当道岂能久；为道太厚，为身太薄，天下正多事，麟凤非祥奈若何。"6月6日，袁世凯在一片声讨之声中病逝，黎元洪继任总统，恢复约法，召开国会。讨袁护国运动随之结束。

二、奔波调和，参与护法斗争

袁世凯死后，护国战争即宣告胜利，国内战事稍微平静下来，孙中山、胡汉民等人也摆脱了流亡的困境，开始过上了一段清闲的日子。

1916年8月，胡汉民陪同孙中山游览杭州西湖，第一次来西湖的他特意写了一首《游西湖》诗，纪念此行：

我与杭州初识面，新交缔定可无诗。

1916年孙中山（左五）与胡汉民（左六）、陈炯明（左四）和朱执信（左二）等人摄于上海

淡妆浓抹君都好，布袜青鞋我敢辞。

前辈风流多胜迹，近人事业有丰碑。

相看容与中流便，不为风浪舣棹迟。

1917 年 3 月，胡汉民游览北京附近的明陵和张家口，分别赋诗以志。《游明陵》诗曰：

高王三尺定中原，燕子飞来啄汉孙。

白帽奉王先有意，王鱼埋地更何言！

东陵已窃前朝树，月夜谁招弟子魂。

怪是卧龙呼不起，万山如睡又黄昏。

《由张家口归》诗曰：

但见千山雪，谁知三月春。

树枯仍入画，月冷故依人。

归路衣裳薄，迷途仆竖亲。

笑他趋热者，何事候风尘。

在这一年相对清闲的时光里，胡汉民曾两次北上赴京。一次是 1916 年 9 月，同廖仲恺遵孙中山的指令，代表孙中山与黎元洪洽谈国事，团结更多的国会议员，扩充党务。但当时由于国会中派系林立，扩充党务没有什么成效。一次是 1917 年 1 月，黎元洪以民国总统的名义授以革命党人勋位，授孙中山大勋位，授胡汉民智威将军上将。为示合作，胡汉民再至北京。两次到北京所居时间不长，但他看到了官僚们争权夺利、军阀的野蛮专横，不由得悲愤满怀，愁绪无限。1917年5月，胡汉民离开北京后，写了一首《记事》诗，表达了此时的心境：

> 形胜居然占上游，将军跋扈死方休。
> 中州多故谁为政，江右无人我始愁。

袁世凯死后，北洋军阀内部分裂成直系、皖系、奉系等派别，各派别依靠不同的外国势力，相互间钩心斗角、明争暗斗。1917年初，在是否参加第一次世界大战及由谁主持参战问题上，爆发了以黎元洪为代表的总统府与以段祺瑞为代表的国务院之间的"府院之争"。为了逼迫总统黎元洪和国会通过对德参战案，段祺瑞指使拥护自己的督军组成督军团来北京声援，包围国会，遭到了国会议员们的强烈反对。黎元洪下令免去段祺瑞国务院总理职务，段祺瑞唆使各省军阀纷纷宣布脱离中央，黎元洪没有办法只好电召安徽督军张勋率兵进京调停，张勋进京后驱逐黎元洪，解散国会，迎请清末帝溥仪复辟。段祺瑞深知封建皇帝专制之不得人心，等张勋导演的复辟丑剧一开锣，他就组织了讨逆军，很快赶跑了张勋的辫子军，以"再造共和"的"功臣"身份，重新组织内阁，但他拒绝恢复《中华民国临时约法》和国会。于是，孙中山电邀国会议员南下护法，是为护法运动。

早在"府院之争"的时候，孙中山已经看穿了北洋政府假共和、真专制的实质，对依靠军阀恢复"共和之命脉"的约法和国会不抱什么希望。督军团在北京肆虐之际，1917年6月6日孙中山就通电西南各省讨逆救国，并派胡汉民离开上海南下广州，联络西南力量，组织护法斗争。6月14日，胡汉民抵达广州，在第二天广东省议会举行的欢迎会上，胡汉民分析了时局，认为帝制复辟事件的发生，绝不是偶然的，是帝制余毒的必然表现，"其祸机所伏已久，随处皆可触发"。告诫大家要提高警惕，不可姑息隐忍，否则非至全国沦亡不可。接着，他在广州、南宁，先后会见了广东督军陈炳焜、省长朱庆澜、驻粤滇军将领李烈钧、张开儒和两广巡阅使陆荣廷等，力陈西南联合一致、合作护法的必要。

此时的西南各省，四川、云南、贵州、湖南、广东和广西是北洋军阀势力所不及的地方，而这些地方的军阀们虽然谈不上拥护共和，但他们与北洋政府也有矛盾，为了自己的地盘，西南六省各军阀之间也有矛盾，相互间明争暗斗，这就为胡汉民争取护法的力量，建立护法的统一战线，提供了机会和可能。胡汉民先把联络工作的重点放到了广东。当时，广东省内主要有大致四派的军事力量，一派是省长朱庆澜的警卫军，一派是李烈钧领导的滇军，一派是地方部队，一派是桂军。李烈钧和朱庆澜两股军事力量是外来的，桂系时刻想把其吞并掉，而这两派也只好联合起来，对抗桂系的压力。胡汉民到广东后，省长朱庆澜认为这是天赐良机，可以借助孙中山、胡汉民的威望，立稳脚跟、发展壮大自己的力量。所以他积极拥护护法的主张，并聘请胡汉民为省长公署高等顾问，赞同李烈钧部滇军组织联军，出师北上讨逆。在胡汉民的联络下，两广巡阅使陆荣廷为了对抗段祺瑞的"武力统一"政策，密令广东督军陈炳焜和广西督军谭浩明于1917年6月22日两广暂行自主。广东遂暂时成为护法运动的根据地，为孙中山南下护法提供了暂时落脚点。

1917年7月中旬，孙中山来到广州后，部分国会议员及海军也聚往广州，开始谋划组织军政府。胡汉民在孙中山抵达广州后，从南宁赶回广州与孙中山会面，报告西南联络工作的进展情况，并商讨下一步的具体工作。当时陈炯明向孙中山提出统军援闽，以图向外发展的计划。孙中山派胡汉民和汪精卫与朱庆澜商量，朱以陈炯明担任省长公署亲军司令为条件，同意划拨二十个营归陈统辖，为出师援闽的基本队伍。但桂系的陆荣廷、陈炳焜对朱庆澜的做法极为忌惮，以朱庆澜是北方官僚不宜在护法旗帜下任省长为由，煽动省议员提议民选省长。而胡汉民和陈炯明是省议会中省长呼声最高的两个人选，正当广东省内酝酿省长人选时，北方段祺瑞政府发布命令，先将广西省长刘承恩和广东省长朱庆澜对调，后又任命绿林出身的李耀汉掌粤。陆荣廷也想借胡汉民任省长来挤走朱庆澜，而胡汉民力辞，朱庆澜得知后却离开了广州。此时，省议会选举胡汉民为省长，朱执信主张胡汉民不要担任省长职，并以和李耀汉密定条件让胡汉民荐李以代，胡汉民听从了朱执信的建议，于是，李耀汉担任了广东省的省长。在朱庆澜离开广州前，陈炳焜逼迫陈炯明也离开了广东。这样，在广东政府中支持孙中山的力量受到了削弱。于此看出，护法运动的开展想依赖于地方军阀，困难重重。

在孙中山的号召下，到1917年8月中旬，南下来到广州的国会议员已达150余人。由于来粤议员不足法定人数，孙中山决定效仿法国大革命前夕第三等级代表举行国民议会的先例，召开"国会非常会议"（又称"非常国会"）。8月25日，非常国会开幕，31日，通过了《中华民国军政府组织大纲》，其中规定，中华民国为戡定叛乱、恢复《临时约法》，特组织中华民国军政府。军政府设大元帅一人，元帅三人，在《临时约法》的效力完全恢复以前，中华民国之行政权由大元帅行使，大元帅对外代表中华民国，元帅协助大元帅筹商政务。军政府设外交、内务、财政、陆军、海军、交通六部。9月1日，非常国会选举孙中山为海陆军大元帅，陆荣廷、唐继尧为元帅，9月10日，孙中山宣誓就职，并公布了军政府各部总长名单，外交总长伍廷芳，财政总长唐绍仪，陆军总长张开儒，海军总长程璧光，内政总长孙洪伊，交通总长胡汉民。

从军政府的组成成员可以看出，军政府是建立在军阀联合的基础上的，孙中山想借助地方军阀的力量，实现护法的目的。但是，地方军阀也想利用孙中山的名望来与北洋政府讨价还价，以求自保，并不是像胡汉民等革命党人那样真心信仰孙中山的革命理论。所以，军政府成立后，陆荣廷复电非常国会，反对另组政府，不肯就军政府元帅之职。唐继尧也已"自惟才望无似，不欲冒君子上人之戒，又惧蒙世俗权利之嫌"为由，拒绝元帅职务。为得到陆、唐的支持，孙中山派胡汉民从中斡旋，但难度可想而知。

此间胡汉民还全力促成了陈炯明组建援闽粤军。孙中山一直以没有一支忠于自己的部队为憾，想建立一支真正属于自己领导的部队。趁广东省督军、省长变更之机，孙中山嘱胡汉民、汪精卫力促此事。经过与陆荣廷、莫荣新等人讨价还价，终于组成了一支有二十个营的援闽粤军，陈炯明任总司令，邓铿为参谋长。革命党人终于有了一支真正属于自己的武装力量。

在西南的军阀们与军政府貌合神离之际，北洋军阀政府派军南下，准备控制湖南，向西南进攻。在北洋军咄咄逼人的攻势面前，桂系决定改善同军政府的关系，共同对付北洋军。1917 年 10 月，桂系组织两广护国军。11 月，军政府和桂系达成协议，桂系军队北上进军湖南，军政府的援闽粤军和滇军共同东进福建。桂系军队一度占领岳阳，引起了北洋军内部的恐慌，北洋军内部开始有人提出和平解决西南问题的主张。西南军阀本来就不想真正护法，随时准备妥协。1917 年 11 月 28 日，桂系陆荣廷无视孙中山的反对，通电主和。随后，经过唐继尧和陆荣廷策划，在广东督军署成立了一个旨在反对军政府的"中华民国护法各省联合会"，并进而提出了改组军政府办法，改大元帅制为合议制，以削减孙中山的权力。其间，胡汉民代表粤军参加联合会议，但已是无力回天。1918 年 5 月 4 日，孙中山被迫辞去军政府大元帅职，非常国会通过了改组军政府案。在辞职通电中，孙中山悲愤地指出："故吾国之大患，莫大于武人之争雄，南与北如一丘之貉；虽号称护法之省，亦莫肯俯首法律及民意之下。"5 月 20 日，非常国会选举唐绍仪、唐继尧、孙中山、伍廷芳、林葆怿、陆荣廷、岑春煊七人为政务总裁，这样，军政府完全被桂、滇军阀所控制。1918 年 5 月 21 日，胡汉民陪同孙中山离开广州前往上海，第一次护法运动宣告失败。

第一次护法运动失败后，孙中山在上海闭门著述《孙文学说》，胡汉民则每天与林直勉、胡毅生等读书、练字。他先临汉碑，后到吴兴戴季陶家见到曹全碑拓本后改临曹全碑，由于他"用力独专，笔画神似"，"一笔不苟，直可乱真"，不久即得其精髓，练得一手好字，成为民国四大书法家之一。

第一次护法运动失败之后，胡汉民还以南方代表的身份参与了南北和平会议。徐世昌在 1918 年 10 月就任大总统后，高唱和平，在内外力量的压迫下，南、北两个政府都同意召开和平会议。社会各界都要求孙中山参加南北和平会议，孙中山早已认清了南北武人皆一丘之貉的本质，由他们主导的南北会议不会有什么好的结果，但碍于社会各界舆论，还是在 11 月下旬派胡汉民先行赴粤，后指派他作为南方代表参加南北和平会议。胡汉民不愿意参加这样的分赃会议，经孙中山劝说，才勉强答应。

1919 年 2 月 20 日，南北和平会议在上海召开，根据孙中山的旨意，胡汉民明确提出议和的条件：恢复旧国会，北方政府取消中日间的一切密约。由于北方代表不谈国会、宪法等实质问题，只有胡汉民旗帜鲜明地坚持自己的主张，在争吵中又逢"五四运动"爆发，南方代表提出的条件，北方代表不接受，南北议和遂告破裂。1919 年 5 月 13 日，胡汉民致电广州军政府，辞去代表职务。同年六七月间，有人提议南北和平会议"复活"，求一致对外，胡汉民坚决反对在没有解决国会、约法等根本问题前，主张南北一致无异于一致卖国。7 月 2 日，胡汉民再次致电广州军政府辞代表职，"士各有志，后此勿论和会是否继续，都不与闻"，表明他对南北和平会议及南北政府的坚决态度。

三、办《建设》杂志，宣传唯物史观

"五四运动"的爆发，引起了中国思想界的极大震动，西方的各种思潮也纷纷登陆中国。为了做好革命党的宣传，孙中山决定增办杂志和书局，让胡汉民、戴季陶、廖仲恺、朱执信在上海创办杂志。在筹办时，胡汉民提出杂志的名称为"改造"，孙中山认为不妥，革命党的目的是要建设一个新的制度、新的社会，"建设为革命之唯一目的，如不存心建设，即不必有破坏，更不必言革命"。因之，孙中山决定杂志的名字为"建设"，并亲自担任《建设》杂志社社长，胡汉民当总编辑。

1919年8月1日，《建设》杂志在上海创刊，孙中山亲撰《发刊词》，揭示杂志的目的和宗旨："以鼓吹建设之思潮，展明建设之原理，冀广为吾党建设之主义成为国民之常识，使人人知道建设为今日之需要，使人人知建设为易行之事务。由是万众一心以赴之，而建设一世界最富强最快乐之国家，为民所有，为民所治，为民所享者，此建设杂志之目的也。"

《建设》杂志为月刊，以六期为一卷，至1921年4月胡汉民离开上海，共出版了13期。胡汉民作为杂志的总编辑，按照孙中山的旨意把握着杂志的办刊方向，同时他还是重要的撰稿人，一年多的时间里，他在《建设》杂志上发表了约十五万字的论著、演说和通信，所涉猎的内容较为庞杂，大略可分为两个方面，一是对唯物史观的分析和介绍，另一是对社会现实问题包括新文学运动的分析。

对唯物史观的分析和介绍，是胡汉民在《建设》杂志上发表文章中最具闪光点之处，也是他当时发表文字中的最重要的内容。胡汉民是革命者，有很强的接受新思想、新思潮的愿望和能力，他对新文化运动包括马克思主义思潮在内的新思潮，评价很高，认为新思潮的传播，"在中国历史上开个新纪元"。他对当时较为流行的社会主义、马克思主义，很感兴趣，在《建设》杂志上发表的分析介绍唯物史观的文章，成为当时传播马克思主义思潮的重要组成部分。

胡汉民在《建设》第一卷第五期上发表的二万字的长文《唯物史观批评之批评》，全面系统地介绍了唯物史观。

在文章中，他介绍了唯物史观的基本观点。他认为马克思的唯物史观，就是"以经济为中心的历史观"。马克思所创立的唯物史观，是历史观上的根本变革，使"社会学、经济学、历史学、社会主义同时有绝大的改革，差不多划了一个新纪元"。

胡汉民在文章中阐释了唯物史观创立和发展的过程。由于马克思的唯物史观并不是体现在专门哪一本著作中，为了较完整全面介绍其唯物史观，胡汉民节译了八部马克思、恩格斯的原著，分别是：《神圣家族》、《共产党宣言》、《赁银劳动及资本》（今译为《雇佣劳动与资本》）、《〈政治经济学批判〉序言》、《哲学的贫困》、《法兰西政变论文》（今译为《路易·波拿巴的雾月十八日》）、《资本论》第一卷附注、《资本论》第三卷以及恩格斯1889年致布洛赫和1894年致瓦·博尔吉乌斯两封关于唯物史观的通信。这些译文，有些是在中国思想界第一次出现的中译文字，为唯物史观在中国的启蒙传播提供了最详尽的中译原文。在节译原文的同时，胡汉民还对唯物史观创立、发展的过程进行了阐述，他认为马克思写《神圣家族》一书时，虽然反驳了黑格尔一派的学者，"然已是转入唯物史观新思想之时期"；著《哲学贫困》时，"马克思自称研究经济史而更加自信"；《共产党宣言》"直应用唯物史观之原则，为马克思生平重要之著作"；《赁银劳动及资本》"说明由奴隶制度变为农奴制度，由农奴制度变为赁银制度的理由，亦即应用唯物史观（社会一切关系依于生产方法之变化而左右）的原则"；《法兰西政变论文》详细表露了关于社会心理的意见；《经济学批判序文》"是马克思唯物史观的纲领，马克思自称是他多年研究的结论，后来的学问都以这个为指导线"；《资本论》"是最有名的著作，成书亦最后，固然是由唯物史观产生的，但关于理论的引申，就只有第一卷的附注"；《资本论》第三卷的一段"有补足经济学批判序文的要点"。因此，"我们把以上几段文字合并研究起来，就可以探得马克思唯物史观的要领"。

胡汉民还对唯物史观创立的历史背景进行了介绍和分析，认为马克思的唯物史观之所以产生在19世纪，是在对"平民阶级的地位"正确认识的基础上创立的，"唯物史观实是平民哲学、劳动阶级的哲学"，是为平民阶级创立的。

在文章中，胡汉民对当时批评唯物史观的九种流行观点，包括"以法律的概念代经济概念而非难唯物史观者""以历史的进化不认经济有最强决定之势力而非难唯物史观者""否认经济宿命论而非难唯物史观者""以为与（阶级斗争学说）矛盾而非难唯物史观者""以一元论过于单纯而非难唯物史观者"等，一一进行了驳斥，对唯物史观的传播起到了积极的推动作用，清除了一些认识上的障碍。

胡汉民对马克思主义的唯物史观的分析介绍，在当时是较为全面和准确的，有人把他的这篇文章称为"五四唯物史观启蒙传播中学理水平最高的一篇文章"，并称他是"马克思主义启蒙传播者"，如此评价，实不为过。

胡汉民对唯物史观的传播，不仅仅停留在其理论观点的宣传上，而且还用唯物史观的基本方法，分析历史问题和现实的社会问题。

胡汉民在《建设》第一卷第三期上发表了《中国哲学史之唯物的研究》，运用唯物史观研究中国的哲学史，也是我国运用唯物史观研究中国哲学史的开篇之作。在文章中，他根据社会存在决定社会意识的原理，指出人类精神状态受社会物质生活状态支配，思想家、哲学家的思想也是受社会物质关系的影响的，伟大的人物、伟大的思想家都是时代的产物。他运用这个原理分析了春秋战国时期百家争鸣出现的原因，是社会变动的影响。"晚周战国是社会经济的组织根本变动，牵连到社会一切关系，是空前绝后的时代。思想家受了这个影响，所以于学术上有空前绝后的建设。以后社会物质的变化平平无奇，所以再也没有一个时代的思想学术和它媲美"。斯时的社会问题，胡汉民认为，是"最大多数人生活不安的问题，是有强权的人掠夺多数人的衣食，无强权的人衣食被夺不能生活的问题。社会思潮激出非常的反动，由是产生老子以次的哲学"，"晚周战国诸子，都是立于被治的平民阶级，对于当前的社会问题为根本的研究，有特别的理解，由此理解派生他的人生观宇宙观，而造成一家哲学。其道德的精神要求，全由他们所住在的社会而起，即为社会全体物质的经济的利益而起"。

胡汉民在《建设》第一卷第六期上发表的《阶级与道德学说》和在《建设》第二卷第四期上发表的《从经济的基础观察家族制度》两篇文章，是他运用唯物史观研究道德和社会问题的代表作。他认为，社会是因，道德是果，"自有史以来，我们晓得所有社会，都是阶级的社会，因而所谓道德，往往是阶级的道德"，无论何种家族，都是人与人之间的关系，也是社会关系的一种，这种关系依靠物质的经济的生活而存在，并随着物质的经济的生活变化而变化。以上对道德和社会问题的分析，看出胡汉民运用唯物史观之自如。

除《建设》杂志外，在戴季陶主编的《星期评论》以及陈炯明创办的《闽星》刊物上，胡汉民也发表文章，宣传唯物史观，或运用唯物史观分析问题。

胡汉民发表的关于唯物史观的文章，曾引起一些人的质疑，说他只刊载"时髦的学说"，却很少谈及时局问题。实际上，胡汉民也有很多关于时局当下问题的文字发表在《建设》上，如《答黄世平论白话文》《答佛苏南北分治之说》《再答佛苏论西南自治与和平问题》《答汪兆铭和会情形书》等等，都是讨论社会实际问题的。此间，胡汉民还按照孙中山的意见，研究中小学教育问题及编辑教科书等，探求改进教育之路。

在上海居住期间，是胡汉民自追随孙中山革命以来比较清闲的一段时光，虽然也撰文办报，也曾出任南方代表，但与此前的革命奔波相比，还是较闲暇的。1920年这一年，胡汉民刻了两枚图章："孝思不匮""勤则不匮"，并自号"不匮室主"，意含思亲及勤奋。此间胡汉民的思想也有了进一步的发展，对唯物史观的认同和宣传，成为其后来促成国共第一次合作的思想基础。

第六章

促成国共合作

"非常"时期，行"非常职权"

拥护三大政策，促一大成功

代理大元帅，"统治后方"

一、"非常"时期,行"非常职权"

《中华民国临时约法》是辛亥革命的重要成果,是孙中山等革命党人政治理想的体现,因此,第一次护法运动失败之后,孙中山仍念念不忘恢复"临时约法"之目标,并为此多方准备。在组织上,1919 年 10 月,将中华革命党改组为中国国民党;在军事上,极力扶持陈炯明的粤军,期望成为在广东重新建立根据地、进行北伐的基本军事力量。

孙中山离开广东后,盘踞广东的桂滇两系军阀内部的矛盾开始尖锐化,唐继尧和陆荣廷的联合破裂,孙中山趁此机会,联合唐继尧,于 1920 年 6 月 3 日,会同唐绍仪、伍廷芳联名发表反桂宣言。此间,孙中山不断敦促陈炯明率军回粤,赶走桂系,但陈炯明多次以军饷不足或等待时机予以搪塞。直到 8 月 11 日,广东的桂系以军政府的名义出兵福建帮助直系军阀,陈炯明在第二天即 8 月 12 日,打出"粤人治粤"的旗号,兵分三路回师广东。在广东民军的配合下,10 月 29 日,粤军攻克了广州,赶跑了桂军。在此次粤军回粤的战斗中,被孙中山称为"革命中的圣人"朱执信,不幸罹难,实为革命党人的一重大损失。

朱执信自 1904 年与同乡胡汉民留学日本,在日本结识孙中山后,一直追随其左右,参与了孙中山领导的多次重大革命活动,深得孙中山的信赖。尤其是他曾做过陈炯明的老师,对陈炯明多有影响,是孙中山与陈炯明关系的重要媒介。在关键时期,朱执信的牺牲,使孙中山哀伤不已,"如失左右手"。而朱执信与胡汉民,同乡同学同道,私谊公义,极为厚重。当胡汉民知悉殉难噩耗,悲痛不已,即赋《哭执信》一诗以志:

岂徒风谊兼师友,屡共艰难识性情。

在孙中山就任非常大总统三周年纪念会上，胡汉民、汪精卫（分别为前排左六、左七）和毛泽东（后排左二）等合影

关塞归魂秋黯淡，河梁携手语分明。

盗犹憎主谁之过？人尽思君死太轻。

哀语追摹终不是，铸金宁得似平生。

    1920 年 11 月底，孙中山偕唐绍仪、伍廷芳回到广州，重组军政府，宣言继续护法。拥护"临时约法"的议员也相继返粤。为了推进革命，与北京政府对抗，孙中山意识到只靠"护法"，不能解决问题，决心组织正式政府。1921 年 4 月 7 日，在广州的 222 名议员召开国会非常会议，选举孙中山为中华民国政府非常大总统。当时，胡汉民、廖仲恺、张静江、蒋介石等还在上海，孙中山身边乏人，乃急电胡汉民等人，促即回粤，商筹大计。5 月 5 日，孙中山在广州就任非常大总统，总统府设于广州观音山。同一天，孙中山任命了各部部长，胡汉民担任总参议兼文官长、政治部长。

胡汉民（前排右一）、汪精卫（前排左一）等人在庆祝孙中山就任非常大总统的宴会上，前排中坐者为孙中山

就任中华民国政府非常大总统后，孙中山把主要精力放在了讨伐桂系军阀及北伐上，对政府的日常事务，仰赖于胡汉民处理。在西征桂系和北伐问题上，胡汉民也多参与，陪同孙中山到广西，在桂林大本营担任文官长及政务处长，参与筹划北伐事宜。在中华民国政府的"非常"时期，胡汉民行使"非常职权"，发挥着"非常作用"。

孙中山无论是西征讨桂，还是出兵北伐，都须得到陈炯明的支持。陈炯明这次回粤后，担任中华民国政府陆军部部长、内政部部长及广东省省长、粤军总司令等重要职务，军政两方面都有职务，又手握军队，其势正炽。陈炯明对孙中山在广州恢复军政府、建立国民政府，均持反对意见，他主

陈炯明

张"联省自治"，先把广东经营好，然后再徐图发展。对孙、陈间的矛盾，
胡汉民做了很多调和的工作。胡汉民和陈炯明相识于辛亥革命前，武昌起
义成功后，广东光复，胡、陈二人分别担任广东省的正、副都督，当时二
人合作较好，没有什么大的矛盾、摩擦。二人关系微妙变化始自胡汉民复
任广东都督之后。南北议和清帝退位后，南京临时政府解散，胡汉民回到
广州，在孙中山的极力支持下，复任广东都督。此事引起了陈炯明的不满。
陈炯明已经担任代理都督四个月，对广东的治理已有初步的成效，得到广
东各界尤其是商界的支持和拥护。援闽粤军组建后，在陈炯明的领导下，
发展很快，并在粤闽间建立了较稳固的根据地，地方的民主治理也按照陈

炯明的设想进行，搞得有声有色。这更加强了他对联省自治的迷恋。第二次护法运动开始后，他认为，武装夺取全国胜利的时机还没有到来，现在主要应该把广东建设好，"保境息民"，以为向全国发展提供稳定而强大的后方。所以，当孙中山敦促他进行北伐时，他以种种借口搪塞。孙中山和陈炯明的矛盾在逐步发展，孙中山便派胡汉民做陈炯明的工作。

胡汉民与陈炯明之间自胡汉民复任广东都督后就已生隙，胡汉民的革命声望要高于陈炯明，而陈炯明在广东的治理实绩大于胡汉民。陈炯明少年时代就有远大理想，据胡汉民回忆，陈炯明曾经对他说过少年时做过一梦，梦中左手揽月、右手挽日，取名为炯明就是应了这个梦。辛亥革命后，在不如意之时作诗中有"日月梦持负少年"之句，表明他心中时时不忘做一个扭转乾坤的人物。在粤军回粤前后，胡汉民为了牵制陈炯明不断膨胀的军权，曾将蒋介石引入粤军，希望靠许崇智、蒋介石来制约陈炯明，但三人很难合作，牵制制约的效果并不理想，并且导致陈炯明对胡汉民更大的反感。1921 年 8 月，受孙中山的指令，胡汉民和居正到南宁与陈炯明商量北伐出兵事宜，"陈藉故敷衍"。胡汉民只好写信给蒋介石，请他与戴季陶来南宁，共同做陈的工作。胡汉民刚刚离开南宁，陈炯明就对前来的蒋介石明确表示，反对北伐，并把 1913 年二次革命时广东出师讨袁失败的责任归因于胡汉民，对蒋介石抱怨说，假如 1913 年不听胡汉民的话，不出兵讨袁，广东由他主管治理到现在，一切都会大变样的。陈炯明得出的结论是，胡汉民"实在害了我"。

胡汉民无法调节孙中山和陈炯明之间的矛盾，也无法说服陈炯明举兵北伐。为了使孙、陈关系维持不致彻底破裂，对陈炯明发给孙中山的措辞激烈的报告，胡汉民只得压下不给孙中山看。

但孙中山和陈炯明的关系还是因邓铿被刺杀一事最终破裂。1922 年 2 月 3 日，孙中山在桂林下令北伐，派李烈钧进攻江西，命许崇智出兵湖南。3月21日，支持孙中山北伐的粤军参谋长兼第一师师长邓铿，突然在广州车站被刺，两天后，不治身亡。孙中山在桂林闻此噩耗，大为震惊，为支持自己的爱将遇害而深感悲恸，又为北伐后方接济乏人，而感到不安。孙中山马上召开紧急会议，商讨对策。许崇智主张回兵广州，蒋介石主张讨伐陈炯明。胡汉民也认为："前为大局计，凡事都取宽容，今竟存如此，自然回兵。"于是，孙中山下令北伐军全体停止前进，回粤讨伐陈炯明。

1922年4月8日，大本营由桂林起程，16日抵达梧州。陈炯明想不到北伐军这么快就兴师问罪，也不敢公然对抗，便一面致信胡汉民询问北伐军会师的原因，一面派廖仲恺到梧州迎接。但这并没有平息孙中山对陈炯明的怨恨，他主张将陈炯明的陆军部部长、内务部部长、粤军总司令、广东省省长的职务一概免去。胡汉民劝解孙中山，此事不宜操之过急，以防突生变动，主张先将陈的内政部长和广东省省长的职务免去。胡汉民致电陈炯明，劝他来梧州当面向孙中山说明情况。可是孙中山等了三天，陈炯明听从部下的劝阻，一直没有来。4月20日，孙中山下令，蒋介石进兵肇庆，同时免去陈炯明的陆军部部长和粤军总司令、省长的职务。4月22日，陈炯明离开广州前往惠州，孙中山回到了广州越秀山总统府。

孙中山回到广州总统府的第二天，召开全体幕僚会议，商讨下一步的行动。当时有两派意见，一派主张暂缓北伐，先清内患，解决"陈家军"；另一派主张转道北伐，避免与陈炯明直接冲突，双方仍留转圜余地。孙中山赞成后一种意见，决定亲自督师北伐，两广仍交由陈炯明，希望借此缓和与陈炯明的关系。

5月6日，胡汉民陪同孙中山离开广州到韶关督师北伐，北伐军进军江西。陈炯明的部下叶举趁此机会率兵回驻广州，向孙中山提出：清除身边的"宵小"（指胡汉民、廖仲恺、许崇智等人——著者加），恢复陈炯明的职务。叶同时向财政部部长廖仲恺索饷。廖仲恺没有办法解决,只好向孙中山求助,请他回广州震慑。胡汉民认为孙中山若回广州,有三害:回去定受包围;如受包围,消息就要隔绝;如陈炯明不听命令,后果不堪设想。孙中山表示,为了解决后方的稳定,无所畏惧,他一面任命陈炯明以陆军总长办理两广军务,一面命令叶举率部赴赣。但叶不从命。孙中山只好在6月1日,再次返穗坐镇总统府,让胡汉民留守韶关大本营,代理大本营事务。

孙中山再次回到广州后,陈炯明部下叶举的反叛活动并没有停止,仍然拒绝执行孙中山的命令,竟于6月16日凌晨下令炮轰观音山总统府,企图置孙中山于死地。孙中山穿过叛军包围,避上军舰,始免于难。

叶举炮轰总统府的当日,胡汉民得知消息,便欲班师回救,怎奈身边兵力单薄,仅有警卫团的张发奎一营,北伐军的先头部队已在许崇智的率领下进占江西赣州。胡汉民只好赴赣班师,途中突降大雨,山洪暴发,不能行舟,只好弃舟登岸,翻山越岭,6月27日才到达赣州。此时,叛军已经北上占领了韶关、始兴。到赣州后,胡汉民立即召开紧急会议,决定班师回粤救难。但北伐军攻韶关十余日不下,回师救援失败。

胡汉民对北伐军回师救援抱有很大的希望,在进攻韶关前,他写了一首《书愤》诗,以志其事:

纷纷狐鼠未驱除,揽辔中原计本疏。
紫色蛙声今竟尔,白龙鱼服定何如。
桓温誓墓甘遗臭,赵盾欺人畏直书。
犹幸六师能讨贼,秦庭不待哭包胥。

回师救援不成,孙中山的安危不明,胡汉民和许崇智等人避往福建,其内心不胜担忧。在由赣入闽的途中，写了一首《由赣入闽》诗：

岭外惟看水北流，客程迢递到汀州。

山如有意遮前路，云似无心入早秋。

肯向天涯怨行役，且将风景忘离愁。

故人千里音尘隔，鼓棹沧江可自由。

8月下旬，胡汉民到达福州，闻知孙中山已脱险到了上海，便前往上海与孙中山汇合。到达上海后，胡汉民协助孙中山策划讨陈和改进党务工作。在讨陈方面，担任"讨陈驻港办事处"处长。该机构是在香港的邓泽如、古应芬、林直勉、李文范等人筹建的，目的是在香港筹集讨陈的经费，胡汉民只是遥领处长职。在改进党务方面，由于当时孙中山已经在和苏联及中国共产党接触，决定改组国民党，准备起草改组的宣言。因胡汉民熟悉国民党的历史，公推他和汪精卫起草国民党改进宣言。

叶举叛乱把孙中山逼出广州后，广东的局势并不稳定，粤军和桂系、滇系军阀的矛盾并没有解决。1922年末至1923年初，孙中山利用军阀间的矛盾，联络滇、桂军杨希闵、刘震寰部，把陈炯明赶出广州。孙中山派胡汉民回粤，让他同李烈钧、许崇智、魏邦平、邹鲁全权代行大总统职权，任命邓泽如为广东省省长。邓泽如坚辞省长职，致电孙中山建议由胡汉民担任。1923年1月23日，孙中山任命胡汉民为广东省省长。

当时广东省府广州的形势非常复杂，"当时广州的危机，在于主客易势，且客军多为骄兵悍将，随时有爆发意外事故的可能"，有人形容当时广州的环境是"已成为狼虎之窟"。胡汉民就任省长职的第二天，就发生了"江防会议"遇险之事。

1923年1月26日，桂系将领沈鸿英以讨论地方善后及卫戍事宜为名，邀请省长胡汉民、特派员邹鲁、卫戍司令魏邦平、海防司令陈策、桂军将领刘震寰、滇军司令杨希闵等人到江防司令部滇军旅长杨如轩驻地开会。沈鸿英这个人，出身绿林，后投靠陆荣廷，但他反复无常，陈炯明部下叛乱时他参与进攻北伐军，北伐军讨逆时他也参与讨逆。本次会议是他摆下的鸿门宴。企图杀害魏邦平和胡汉民等人。会间，沈鸿英的部将李易标突然开枪射击魏邦平，事先埋伏的士兵也向会场扫射。胡汉民乘乱逃到楼下，眼镜被打碎，身上的钱物被洗劫，卫士也被打死两个。后由杨希闵出面，命令杨如轩等保护胡汉民，并把他送回省署。但沈鸿英一心想置胡汉民于死地，一计不成，又生一计。他预料胡汉民当晚必从省署回家，便在胡汉民回家必经的路上设伏。胡汉民命不该绝，当晚沈部的军长刘达庆坐车先于胡汉民从此路过，被伏兵误认为是胡汉民，遭到射杀。胡汉民乘坐的汽车在后面，闻讯后，紧急避往日本领事馆，第二天，逃往香港。

广州的混乱局面，并不是文人出身的胡汉民所能应付的，胡汉民又不能回广州，遂向孙中山求救，希望他回广州控制广东局势。于是，孙中山决定亲自回粤，上海的工作交由胡汉民负责。

在参与北伐的同时，作为广州中华民国政府的总参议兼文官长及桂林大本营的文官长及政务处长，胡汉民还要处理许多烦琐的日常事务。他又如同当年担任南京临时政府秘书长时那样，经常夙兴夜寐，极为操劳，"每日天未亮即起，沐浴、运动、早餐后，即至办公室代拟电稿及批阅公文"。在桂林大本营期间，除了批阅公文外，北伐各军的军饷、军需，也都由胡汉民负责，有想要面见孙中山汇报工作、商量问题的，必须先经过胡汉民商妥后，才能再见孙中山。

在广州国民政府成立后的"非常"时期，胡汉民以总参议及文官长的身份，追随在孙中山左右，处理非常大总统府的事务和大本营的事务，在势局变化不定的时期，可谓艰辛劳顿。

二、拥护三大政策，促一大成功

不断探索、与时俱进是资产阶级民主主义革命先行者孙中山最优秀的品格。俄国爆发的十月革命及中国共产党的成立，给他很大的震动，在国内各派军阀争权夺利中，他看到了一个新的力量和契机，联俄、联共，改组国民党。

在联俄、联共的酝酿时期，胡汉民曾参与过孙中山和俄国共产党人的会谈。1922年下半年，孙中山确立联俄、联共政策后，立即着手改组国民党。同年9月6日，孙中山指定丁惟汾、茅祖权、陈独秀、管鹏、覃振、田桐、张秋白、吕志伊、陈树人共九人组成国民党改进案起草委员会，11月15日，各委员公推胡汉民与汪精卫起草国民党改组宣言。1923年1月1日，在《民国日报》上发表了《中国国民党宣言》，提出民众在革命中的地位，"今日革命则立于民众之地位，而为之向导，所关切民众之利害，所发抒者民众之情感"，"故革命事业由民众发之，亦由民众成之"。1月26日，孙中山和苏俄政府的特命全权大使越飞经过商谈后，发表了《孙文越飞联合宣言》，提出了中国革命的成功，"当得俄国国民最炙热之同情，且可以俄国援助为依赖也"。

《孙文越飞联合宣言》发表后，孙中山召集胡汉民、汪精卫、廖仲恺等人，征求这些得力助手对联俄、联共的意见，三人意见不尽相同。汪精卫持反对意见，认为允许共产党加入本党，如同"孙行者跳入猪精的腹内打跟头、使金箍棒，猪精如何受得了"，允许共产党加入本党，"本党的生命定要危险"。廖仲恺与汪精卫的意见正好相反，持坚决赞成的意见，认为，"我们在国际上正缺少朋友，现在俄国既诚心和我们联络，我们便不应该拒绝它的党徒"。胡汉民的意见介于汪、廖二人之间，不明确反对，而是有条件的赞成。认为，本党的民生主义与马克思的社会主义有相同的地方，"如果研究马克思主义的人是诚心诚意与我们合作的，便由他们加入本党，也未尝不可"。他同时还认为，"凡共产党员以个人名义加入本党的，如果是真正信仰本党的主义，共同努力于国民革命的，才可以收容。收容以后，如果随时发现了他们有旁的作用，或有旁的行动，足以危害本党的，我们应该随时加以淘汰"。胡汉民对孙中山的联俄、联共政策，态度上是矛盾的。一方面，国民党屡次在革命中失败受挫，要进行改组，吸收新的革命力量；另一方面，他又担心共产党的日益强大会冲击国民党的地位。所以他是有条件地同意共产党加入国民党。分析胡汉民的这个主张，我们就不难理解为什么他在国民党的一大上会促成国共合作，但后来又与蒋介石联合"清党"了。

胡汉民对国民党改组的意见，孙中山并不表示反对。此后，孙中山加快了国民党改组的步伐，并聘请共产国际代表鲍罗廷为顾问。1923年10月25日，成立国民党临时中央执行委员会，委员会由胡汉民、邓泽如、林森、廖仲恺、谭平山、陈树人、孙科、吴铁成、杨庶堪九人组成，为在孙中山领导下国民党改组及筹备国民党"一大"的具体执行机构。随后，胡汉民来到上海，主要精力放到了筹备国民党的改组及国民党"一大"宣言的起草工作。11月25日，发布了《中国国民党改组宣言》，其中指出了国民党改组的必要性，并宣布将召开全党代表会议，讨论改组事宜。

1924年1月12日，胡汉民到广州，为国民党第一次全国代表大会的召开做最后的筹备工作。为了确定大会宣言的最后文本，胡汉民、汪精卫、廖仲恺、鲍罗廷、瞿秋白等人在原来草案的基础上认真研究，反复修订。当然，《宣言》是几种政治派别的人共同参与制定的，并不能说只代表某一个人的观点。

1924年1月20日，中国国民党第一次全国代表大会在广州高等师范学院召开，孙中山指定胡汉民、汪精卫、林森、谢持、李大钊五人为大会主席团主席，并同时指定胡汉民为大会宣言审查委员会委员，主持审查的讨论。

在胡汉民主持讨论的议题上，有的成功，有的不是很理想。

在大会讨论外国在中国的租界及特权问题上，李大钊等人坚持鲜明的反帝纲领，主张收回租界、收回海关，取消外国人在中国的特权。黄季陆等人主张不能立即实行，认为反帝将给国民党的海外活动增加麻烦。胡汉民主张折中，认为收回租界、收回海关等反帝国主义的纲领如果太明显，对国民党的现实处境及海外支部的影响较大，提出了"把关于反帝国主义的政纲条款说得笼统抽象一点，不必太明显的提出"。孙中山知悉后，非常不满，认为："本党此次改组，如果我们还不能把反对帝国主义的政纲提出来，中国革命至少还要迟二十年才能成功。"在孙中山的坚持下，最后大会在宣言中补上了反帝纲领。

在讨论党章中关于共产党员以个人身份加入国民党的问题时，胡汉民发挥了其善于调和的作用。代表方瑞麟提出，党章中应明确规定国民党党员不得加入他党。其真实意图是反对跨党，共产党员若加入国民党，则必须脱离共产党。大会就此进行了激烈争论。李大钊反对方瑞麟的提议，郑重声明，共产党员加入国民党，是以服从国民党的主义、遵守国民党的章程为前提的，其目的是"从事国民的革命事业"。江伟藩等人支持方瑞麟的意见，廖仲恺等人支持李大钊的主张，两种意见针锋相对，相持不下。此关键时刻，胡汉民以大会主席的身份发言："现听大家的议论，实际上没有什么争执，不过讨论之焦点，在怕违反本党党义和违反党德党章；但此种顾虑，只要在纪律上规定即可。现在纪律上已订有专章，似不必再在章程上用明文规定何种取缔条文，惟申明纪律可也。"胡汉民的发言，表面上看是居调和中立的立场上，但实际上否定了方瑞麟的提案，他的发言也获得了多数代表的赞同，最后通过了允许共产党员加入国民党的章程规定。

当时国民党内部对联俄、联共形成了两种相对立的意见，这在国民党第一次全国代表大会上都反映出来了，胡汉民在两种意见的交锋时，居中调解，努力使有利于国民党改组的决议得到通过。胡汉民自追随孙中山以来，受其领袖魅力的影响，服膺其理论，遵从其指引的方向，能够较好地执行孙中山做出的决定和决策，这也是孙中山屡屡信任胡汉民、让其担任重要职位的原因。国民党进行本次改组，是孙中山经过认真思考做出的决定，胡汉民当然要身体力行，全力以赴。

由于在国民党第一次全国代表大会上的表现，胡汉民得到大多数代表的支持，也没有辜负孙中山对其在会议上应发挥作用的期望。大会圆满闭幕，通过了体现孙中山新民主主义思想主张的《大会宣言》和《中国国民党总章》。在大会选出的二十五位中央执行委员会委员中，胡汉民排名仅在孙中山之后。

国民党"一大"闭幕的第二天，孙中山在广州主持召开国民党中央执行委员会、中央监察委员会第一次会议，会议决定除广州为中央执行委员会所在地外，设上海、北京、汉口、哈尔滨、四川等特别区，派中央执行委员到特别区组织执行部，胡汉民、汪精卫、叶楚伧、于右任、张静江、毛泽东、瞿秋白、张继、吴稚晖等人被派到上海。

1924年2月25日，国民党上海执行部在胡汉民主持下举行第一次会议，会议推定胡汉民、汪精卫、叶楚伧三人为执行部常务委员，胡汉民兼任组织部部长，毛泽东为秘书；汪精卫兼任宣传部部长，恽代英为秘书；于右任任工人部部长，邵力子为秘书；叶楚伧兼任青年、妇女部部长，何世桢为秘书；茅祖权任调查部部长，孙镜为秘书。以后历次执行部的会议，只要胡汉民出席都由胡担任主席，毛泽东担任记录。此外，胡汉民还兼任国民党上海执行部机关报《民国日报》编辑。

国民党上海执行部直接管辖江苏、安徽、浙江、江西等省。胡汉民在主持国民党上海执行部工作期间，贯彻联俄、联共、扶助农工的三大政策，能够团结国民党人和共产党人一道工作。在上海执行部工作不久的瞿秋白曾给鲍罗廷写信，其中反映了当时国共合作的情况。信中说：国民党上海执行部的工作很有成效，所有工作都有"我们的"同志参加，共产党和青年团都有自己的国民党工作委员会，同时还组织了一些地区的委员会，每个委员会底下组织"民众扫盲学校"，使之成为国民党与人民群众进行联系的中心。对国民党内部的一些"反共"、反苏的言论，胡汉民也给予回击批评。

1924 年 5 月，胡汉民被孙中山召回广州，代行孙中山的部分职权，并兼任国民党中央联络部部长。这时，国民党内部反对国共合作的势力开始活跃起来。邓泽如、张继、谢持以国民党中央监察委员的身份，在 1924 年 6 月 18 日向孙中山和国民党中央执行委员会提出《弹劾共产党案》。《弹劾共产党案》中列举了共产党近一年时间里的政策、活动，认为，"中国共产党及中国社会主义青年团员之加入本党为党员者，实以共产党党团在本党中活动，其言论行动皆不忠实于本党，违反党义，破坏党德，确于本党之生存发展，有重大妨害"，建议"从速严重处分"，并得出结论："绝对不宜党中有党。"7 月 3 日，国民党中央执行委员会召开会议，否决了邓泽如等人的提案，会议决议：凡加入国民党的人，只要信仰三民主义，不管其以前是什么党派，均一视同仁。孙中山为继续坚持国共合作，于 7 月 11 日成立了国民党中央政治委员会，自任主席，指定胡汉民、廖仲恺、伍朝枢、瞿秋白为委员，聘请鲍罗廷为顾问。中央政治委员会在党务方面"对中央执行委员会负责，按照性质由事前报告或事后请求追认"。

弹劾共产党的提案虽然被否决了，但反对国共合作的主张仍然存在。1924 年 8 月 15 日至 23 日召开的国民党中央执行委员会一届二次会议上，对国共合作中的共产党问题进行了讨论。讨论这个问题时，胡汉民担任会议主席。在讨论后的总结中，胡汉民说："综合现在党内纠纷情形，约有三派：（甲）认共产派合作为有害；（乙）认共产派合作为有益；（丙）认共产派跨党无害，而有秘密党团作用则有害，若能使这个秘密公开，则党团作用自可消除。准此三点观察，症结所在，甚属明了，爰拟就是条请讨论。再有须注意者，共产党与共产党员不同，共产党员为共产党守秘密是当然的。只有本党直接与第三国际从联络方面来协商，庶彼此不致误会，无所容其秘密矣。"显然，胡汉民主张在国共合作的前提下解决秘密党团的问题，最后会议决定，按照以前通过的《国民党内之共产派问题》及《中国国民党与世界革命运动之联络问题》两个草案解决。

在胡汉民主持的国民党中央召开的会议上，他能够遵循孙中山确定的联俄、联共、扶助农工的三大政策，调和对共产党加入国民党的两派对立意见，保证国共合作不致破裂。

三、代理大元帅，"统治后方"

"江防会议"遇险后，在胡汉民的请求下，孙中山回到广州，续行大元帅职权。鉴于当时广州的局势，胡汉民暂往上海，和汪精卫、孙洪伊、徐谦驻沪办理和平统一的事务。胡汉民离开当时国民党革命的"大本营"，是形势所迫，也是暂时不得已之举。孙中山写给胡汉民等人的信中，说得很清楚，"我到粤则必以兄等在中央机关做事，不欲兄等在地方机关做事"。

为了解除来自东江方面军事威胁，孙中山经常赴前线督战。后方广州亟须有人来主持。胡汉民在上海又无什么重要的事情可做，孙中山让胡汉民回到广州，负责后方的事务。1923 年 6 月 1 日，孙中山发布命令："当大元帅出征期内，特派胡汉民代行职权。"之后，又任命胡汉民为总参议，在孙中山出征期间，大元帅府的日常工作，由胡汉民主持处理。

大元帅府的日常工作，十分烦琐、复杂，既要筹措粮饷，保障大元帅府的日常运行，又要为前线的军队组织后勤供应，还要协调各种关系，平衡各种力量。单就处理大元帅府与广东省、广州市机构间的权限关系，就使胡汉民很为难。当时财政问题比较突出，大元帅府所依赖的广东，连年战乱，经济萧条，百业凋零，加上各种军事力量的盘踞，税源极为有限。但各种开支尤其是军队的粮饷需求很大，大元帅府要向广东省府、广州市府要钱。当时孙中山的长子孙科任广州市市长，胡汉民和孙科之间就常常因为财政等工作问题发生矛盾。

有一次，孙中山命令胡汉民以大元帅的名义发出手令，到广州市政厅提款20万元，作为军饷发给滇、桂军，以为攻打惠州的费用。孙科看到手令，以为是胡汉民假借命令索钱，非常气愤，将手令撕烂，拒绝支付。滇军没有得到军饷，不肯出兵。孙中山得知后，把孙科叫到大元帅府，狠狠地训斥了他。孙科受到训斥很不甘，认为这都是胡汉民在挑拨他们父子的关系，便径直来到胡汉民的办公室，质问胡汉民。不善妥协、文人性格的胡汉民，也很生气，反问道："这是你父亲叫我写的，怎么是假借命令？"盛气之下的孙科举起手杖便向胡汉民打去，胡汉民一闪身，手杖落在办公桌上。响声惊动了在楼上的孙中山，孙中山下楼见此情景，更加气愤，抢过卫士的手枪，追打孙科，幸被闻声赶来的李烈钧、朱培德等人劝阻，才没有使事态进一步扩大。

胡汉民主持后方，时因"意见分歧"，"不免招谤"。孙科对他的意见和态度，更让他感到无所适从，便想弃职离粤。事情的导火索是孙科，孙中山便写信给孙科，让孙科无论如何要挽留住胡汉民。信中分析了目前面临的形势，指出军事和财政是最大的问题，需大家齐心协力。军事需要孙中山亲临前方，后方要仰赖胡汉民统筹。"故此汉民纵不能代我办事，必能代我任过；否则，各种之过皆直接归在父一人身上矣。展堂之用，其重要者此为其一，故万不能任彼卸责也"，"故汉民去留，甚有关于大局之得失成败也"。信中让孙科想尽一些办法挽留胡汉民，不让他弃职离粤，"为大局计，为父此时负责任过计，你不得不留之，不得不恳切以留之，而留之必要留住斯可矣"。

孙科遵父命，极力挽留胡汉民，当胡汉民看到孙中山写给孙科的信后，便不再坚持，说："既然先生不要我走，赴汤蹈火，在所不辞。"

胡汉民追随孙中山，服膺其理论，感召于其人格魅力，同时也深得孙中山的信任。而胡汉民也敢于负责，对孙中山一些手令，只要他认为不必要或不妥，也敢扣留不发。

有一天，孙中山到胡汉民的办公室，顺手打开一个办公箱，取出几件公文看，孰料竟全是自己的手令。看到自己的手令竟然被扣下不发，孙中山非常气愤，拿起一份份手令，斥问胡汉民。胡汉民不动声色，静听孙中山的责问，当孙中山说完后，他把整箱手令倒出，一个个拿起，向孙中山逐一说明原因，有的事关升黜任免，处置不当；有的调兵遣将，不合时宜；有的调拨款项，数目不当等等，条分缕析，说得头头是道。

逐一解释后，胡汉民开始反问孙中山："即使是在专制时代，也有大臣封驳诏书，请皇帝收回成命的故事。例如，唐太宗将以给事中郭承嘏为华州防御使，给事中卢载因为郭承嘏公平守道，屡次封驳，认为他不宜置之外郡，因而他也封还这道诏书，太宗欣然接受，立刻开复郭承嘏的原职。先生可曾读过这段历史？""当年先生亲拟中华革命党的党员誓词，其中有'慎施命令'一条，先生还记得吗？""调和鼎鼐，燮理阴阳，原是宰相分内的事。我虽无宰相之名，确有其实。请问先生，今日之事是不是我在行使我应有的职权，尽我所应尽的责任？"

一连串的反问，句句有据在理，孙中山一时无言以对，只好说，"说来说去还是你对，我说不过你"。这句话已是孙中山在认错了，但胡汉民得理不饶人，步步紧逼，"先生应该说一句'你是对的'，方才合理。但是先生只是在说，'我说不过你'。那只不过是先生词穷理屈，无词自解而已，这句话不能解决问题"。胡汉民倔强的性格，使孙中山很下不来台，幸好当时总参议室其他的人从中调解，最后孙中山笑着说："今天是我的错。"

　　扣押孙中山手令之事，一方面反映出胡汉民当仁不让、据理力争、敢于负责的倔强性格，同时也看到，作为革命领袖孙中山的宽广胸怀及豁达的品格。

　　1924年5月，孙中山因身体不适，电召在上海主持国民党执行部工作的胡汉民回粤。之后，孙中山移居白云山养病，大本营的事务嘱胡汉民代理，同时胡还兼任黄埔军校的政治教官。

　　护国、护法运动失败后，孙中山逐渐认识到建立一支"革命军"的重要。在与苏俄代表的接触中，他们也提出创办军官学校的问题。因此在国民党召开"一大"之前，临时中央执行委员会就决定创办军官学校，命名为"国民军军官学校"，之后孙中山委托蒋介石负责筹办。在筹办中，蒋介石因故辞职，其间胡汉民曾写信劝解。胡汉民本次受孙中山电召回粤，正值黄埔军校（即国民军军官学校）刚刚开学，胡汉民和戴季陶、邵元冲一起兼任黄埔军校政治教官，向学生们讲授三民主义、中国国民党党史、世界大势、国内现状等内容。胡汉民很重视兼任的教官职务，不论工作多忙，每周都要去讲一次课。他讲课，语言通俗易懂，深入浅出，颇受学员们的欢迎。

　　1924年9月，直奉战争爆发，孙中山为了履行"三角反直同盟"的协定，决定率兵北伐。临行前，孙中山将广东的一切事务均委托给代行大元帅职权的胡汉民全权处理，同时还任命胡汉民担任广东省省长。胡汉民首先遇到的棘手问题是处理广东商团谋叛一事。

广东商团成立于 1912 年，起初是商人的自卫组织。它成立后在广州历次变乱中总是坚守中立，后来商团逐渐被帝国主义、大地主、大买办所操纵，成为敌视革命政权的一个团体。商团谋叛事件在胡汉民代行帅职前就已发生。1924 年 5 月下旬，广东商团代表在广州集会，成立商团军联防总部。总部由英商汇丰银行广州支行买办陈廉伯任总长，佛山大地主陈恭受任副会长。商团军联防总部成立后，扩大了自卫武装的规模，企图用武力与革命政府相抗衡。8 月上旬，商团通过南利洋行，私自购进价值一百万元的军火，计长短枪约近一万支，子弹三百多万发，并由悬挂挪威旗的丹麦船"哈佛号"偷运到广州。革命政府将这批私运的枪弹悉数扣留，孙中山命令蒋介石派永丰、江固两艘军舰，将私运枪支弹药的"哈佛号"监押停泊于黄埔军校门外，所有枪支弹药由黄埔军校看管。

私运枪支弹药被查获后，陈廉伯煽动商界人士，组织请愿团，并派出商团军两千余人到大元帅府，要求发还枪械。附近的佛山、花县、三水等十四个城镇的商团也受指使派武装来广州，向政府施加压力。孙中山亲自接见了全体请愿人员，说明政府扣械的理由。陈廉伯的目的没有达到，遂采取更加激烈的对抗方式——鼓动商人罢市，以扰乱正常市场秩序，陷广州于混乱之中。

针对商团的种种行径，革命政府内有两种对立的态度。广东省长廖仲恺主张坚决镇压，并于 8 月 20 日公布了陈廉伯、陈恭受等"私运军械""煽动罢市""纠集土匪""勾结北方军阀，图谋内乱""推翻政府"等罪行，通缉二陈。同时派武装进入广州市防范，以备不测。黄埔军校学生军听从廖仲恺的调遣，蒋介石对全校学生训话，号召他们要服从国民党及政府的指挥和调遣。以汪精卫、伍朝枢等人为代表却持另一种意见，主张和平解决。

滇军军长范石生、师长廖行超又出面调停，实际上是帮助商团索还被扣军火。在内外力交加之下，廖仲恺因严办商团的主张不能贯彻，辞去了广东省省长的职务。

在这种情况下，胡汉民代理大元帅，并接手处理商团事件。但胡汉民向孙中山提出了一个条件，绝对不听鲍罗廷的话，只听自己的主张。这说明胡汉民对待商团处理的方式不同于鲍罗廷等人的镇压主张。

胡汉民与广东资产阶级的关系较为密切，多年来在广东的活动使他对广东资产阶级产生了好感。尤其是广东的商人，在广东光复前后的合作支持态度及在历次变乱中的中立立场，都给胡汉民留下了极深刻的印象。胡汉民认为商团事件的发生不过是少数商人所为，与大多数商人无涉。于是他对商团采取了以下两项温和的措施：

第一，取消了对陈廉伯、陈恭受的通缉令，发还他们的私产。

第二，派人与商团联系，会同商团头目去黄埔查看所扣枪械，并与之商妥双方都接受的解决办法：发还长短枪四千支，商团以各商店立即开市及缴足二十万元并抽全市房租捐一个月为对政府军费的报效。双方商定10月10日为发还枪械日期。

孙中山为了顾全大局，表示"如得实款"，"械可发还"，批准了胡汉民的解决商团事件的两项措施。在批准胡汉民温和的解决方案的同时，孙中山也准备了另一手，在10月9日商团发出第二次罢市通牒之后，从韶关写信给在广州担任黄埔军校校长兼粤军参谋长的蒋介石，指示他立即成立革命委员会，以备不测事件的发生。

1924年10月10日发还枪支这一天，商团派出武装以保护接领枪械为名，在长堤西濠口一带放出步哨，实施戒严，实际上这是向政府作武装示威。这一天正值"双十节"，广州市工人、农民、学生召开欢庆大会，会后游行。当游行队伍来到长堤西濠口时，商团放出的步哨竟不允许游行队伍通过，并向群众开枪，当场打死二十余人，受伤亦有数十人，是为"双十惨案"。

孙中山在韶关获悉"双十惨案"的消息后，立即指示胡汉民对商团要严加处理，不得再事姑息，"生死关头，惟有当机立断，切勿犹豫，以招自杀"，并宣布成立革命委员会，孙中山自任会长，委员为许崇智、蒋介石、汪精卫、廖仲恺、陈友仁、谭平山六人，专事处理商团变乱一事，在此期间，革命委员会代表政府全权负责。

孙中山没有让胡汉民立即参加革命委员会有另外的考虑，为了顾全北伐大局，能和平解决则不用武力手段。当蒋介石向孙中山提议，胡汉民应名列革命委员会委员之中时，孙中山道出了实情：胡汉民长于调和，不长于彻底解决（指武力镇压）。孙中山在给胡汉民的信中说得更加清楚明确，"兄不在列者，留有余地也"。

后来，商团的反动气焰日愈嚣张，把和平解决之路堵死。10月12日，广州商团在市内到处张贴传单，除煽动商人继续罢市外，还提出了"驱逐孙文"等反动口号，并蛊惑人心，扬言陈炯明要从东江来进攻，号召北江一带的商团武装要在北伐军回广州时共同起而抵抗等。至此，孙中山才彻底放弃和平解决的设想。

10月14日，孙中山电令由胡汉民代理革命委员会会长，命令胡汉民迅速收缴商团枪支，不可一误再误，以免后患。胡汉民接到孙中山命令后，马上下令警卫军、工团军、农民自卫军、飞机队、甲车队、兵工厂卫队、军校学生军等所有军队，统由蒋介石指挥。15日，不到半天的时间，就迅速平定了商团的叛乱。

在直奉两派军阀酣战之际，冯玉祥趁北京防务空虚，包围总统府，发动北京政变，通电主和，同时电邀孙中山北上，共商国是。在韶关的孙中山经与汪精卫、廖仲恺等人商议，决定应邀北上。赴北京前，孙中山回到广州，与在广州的胡汉民等人商讨应对北方时局的方针策略，以及北上后广东一些事宜的安排。孙中山决定北上共商国是后，大本营的事务仍由总参议胡汉民代行大元帅处理，有关大本营的北伐事宜由建国军北伐总司令谭延闿全权办理。他还向胡汉民提出了应对广州时局的对策，"授以北伐及征东江方略"。除了让胡汉民代理大元帅外，孙中山还让胡汉民"代理政治会议主席，及军事委员会主席，统治后方"。将重要的职务都交由胡汉民来代执，可见孙中山对他的信任及其在孙中山心目中的地位作用了。

孙中山北上后，自称"救粤军总司令"的陈炯明，率领号称十万大军，从潮州、汕头出发，进犯广州。胡汉民在大本营主持召开军事扩大会议，决定组成联军，由杨希闵担任联军司令，后又由胡汉民、廖仲恺、蒋介石、许崇智、杨希闵等人参加的军事委员会商讨制定东征计划和策略。因滇军对东征持观望态度，胡汉民等军事委员会变更东征作战计划，改由蒋介石率领的黄埔军校学生军为主力，1925年2月，开始了第一次东征。黄埔军校的学生军英勇奋战，两个多月的时间，就攻占了潮梅汕地区，驻守惠阳、惠州的陈军缴械投诚。

在东征期间，孙中山因肝病于1925年3月12日病逝于北京。孙中山的病逝，对国内的政局、国民党的革命事业、胡汉民本人都影响巨大。对胡汉民来说，一直以来他都是孙中山最信任的人之一，他几次代孙中山行使职权，可谓是一人之下，万人之上，并不完全是因为他在国民党内的地位和贡献，而是缘于孙中山的信任，而党内的同仁之所以能够听从他代行孙中山的职权，也是由于对孙中山的信服。孙中山病逝，胡汉民失去了深孚众望领袖的支持，行使职权也就不会再那么顺畅。

孙中山从患病到病逝，虽已有些时日，但噩耗传来，胡汉民还是悲恸不已。此时正值第一次东征的关键时期，为安定军心民心，3月14日，胡汉民以代理大元帅的名义通告前方各军将领，墨绖从戎，继续奋战。16日，以广东省省长名义，正式公告将香山县改名为中山县，"永丰舰"改名为"中山舰"，以示对总理的纪念。21日，与谭延闿、杨希闵、许崇智、刘震寰等联名发表通电，表示要谨遵孙中山遗志，继续完成革命，"在国民会议未实现、中华民国合法政府未成立以前，所有一切制度设施，汉民等仍敬谨赓续孙大元帅成规，勠力同心，并期有以发扬光大，以完成国民革命之工作"。

孙中山在世时，广东革命政府内部慑于其威望，尚能勠力一心对敌，而孙中山的英灵尚未走远，革命政府内部的变乱就已发生了。首先是滇桂军阀杨希闵、刘震寰起兵谋叛。他们曾在驱逐陈炯明出广州的战争中立下大功，特别是刘震寰还在驱陈战斗中负伤。因此，刘、杨二人在孙中山再次回广东建立革命政权后地位很高，孙中山称刘震寰为"刘大活菩萨"。可是，他们二人并非是孙中山三民主义的忠实信徒，驱逐陈出广州，只是想扩张自己的地盘，假以孙中山的声势名望。待孙中山逝世后，刘、杨二人加紧与陈炯明、唐继尧及北方军阀联系。在广州革命政府命令杨希闵部为东征的左翼，刘震寰部为东征的中路时，二人却拥兵自重，没有参加东征的战斗，而是把部队集结在博罗、惠州一带，还不断地向广州政府索要军饷。当杨、刘二人叛迹被大元帅府获悉后，胡汉民试图安抚他们，把他们挽留在革命队伍里。

1925年5月初，胡汉民首先做出姿态，应杨希闵的要求将政府属下的兵工厂改为委员制，并任命由杨希闵推荐的夏声为委员长。接着，他又派邹鲁去劝说杨、刘二人回广州，并许以官职。然而，杨、刘二人叛心已顽，并无悔改之意。当国民党中央讨论对杨、刘二人制裁时，胡汉民又提出只讨杨，给刘以悔过之机会。会议绝大多数人主张二人并讨，胡汉民才采纳了大家的意见。

6月2日，胡汉民以大本营总参议代行大元帅职权兼广东省省长名义，发表同意军政民政宣言，针对刘震寰、杨希闵的行径指出：革命政府"断无纵容少数金壬假革命之旗帜，为害民之行为；更不能坐视朝三暮四之军人，阳藉扶翊之名，阴行寇盗之实"。宣言中表示，革命政府在最短时间内，"力求军民财政之统一，对于抗令者与以严厉之制裁，对于阳奉阴违者与以严厉之惩罚"。本宣言实际上是向杨、刘二人的宣战书。

6月3日、4日，杨、刘军队公然占领广东省省长公署、财政厅、市公安局及电报局、电话局等机关，发动叛乱。5日，胡汉民下令免除杨希闵、刘震寰所兼各职，随后，许崇智、蒋介石率东征军回师，仅数日即将乱军平定，广州革命政府又一次得到了巩固。

广州革命政府外部敌人的反动气焰被消灭后，内部因孙中山逝世而出现的权力空位所引发的矛盾便突出出来了。其中最关键的是由谁来接替孙中山的位置。当时能够问国民党之"鼎"者只有三人，即胡汉民、汪精卫、廖仲恺。

汪精卫与胡汉民幼同里、长同学。二人同年留学日本，同年加入同盟会，在宣传资产阶级革命、与康梁保皇派论战中共同立下了赫赫战功。汪精卫还有行刺清政府摄政王载沣可引以为豪的经历，在国民党内资历较深。国民党改组后，善于言谈、工于心计的汪精卫，处处以左派的言行表露于外。孙中山北上参加国是会议，他又是主要随行人员之一。当时孙中山病重不能处理政务，乃指定随行到京的中央执监委员组成临时中央政治会议，会议讨论的结果由汪精卫向孙中山报告，孙中山的指示也由汪精卫向会议转达。孙中山逝世前的遗嘱也是由汪精卫记录整理的，这就使他有了"亲受遗命"的资本。更重要的是，汪精卫圆滑变通，左右逢源，这在竞争对手旗鼓相当的境况下，都成了他问"鼎"中枢的必胜条件。

廖仲恺在国民党内的历史可以与胡、汪二人相媲美，也是孙中山最忠实的追随者之一。早年就在孙中山身边辅佐，辛亥革命后更是随孙中山奔走国内外。在孙中山确定联俄、联共政策后，他最为积极拥护，与苏代表商谈，与共产党人接触，给人以务实、忠诚的印象。他对联俄、联共的积极态度，被人们称为国民党的左派。但他没有胡汉民在孙中山生前的高位，也没有汪精卫在孙中山逝世后那样引人瞩目。

胡汉民在孙中山生前曾三次代行过孙中山的职权。第一次是 1923 年 6 月，孙中山亲自率军出征东江，让胡留守后方代行大元帅职权；第二次是 1924 年 9 月，孙中山决定出师北伐，命胡汉民留守广州，代行其职权；第三次是 1924 年 11 月，孙中山北上召开国是会议，又一次把重任交给胡汉民。孙中山几次命其代己行权，是否意味着选定胡为继承人，这对于信奉西方民主政治的孙中山来说，还不能肯定，但也没有理由否定。因为孙中山早年就曾经说过，胡汉民的才干，即位以总统，亦绰绰有余之语。然而，胡汉民以书生之气对待政治，以中国传统的知识分子所特有的"君子风度"去对待权位，事实已经证明，在政治舞台上，他会败得一塌糊涂。

孙中山在北京协和医院确诊患有不治之症的消息传到广州大元帅府后，胡汉民召集广州党、政、军诸方面的负责人说："先生以后方党政军诸事交给我一个人负责，今先生病危，万一不幸，我主张改组大元帅府为政府，用委员制共同负责。"孙中山逝世消息传来，胡汉民又一次对谭延闿说："书生弄军事，终于弄不惯。委员制实现，继起有人，我们也可以息肩了。"

如果说，胡汉民前面那句话，可以作为他的谦谦之语，并不为过。那么以"书生弄军事，终于弄不惯"之语示人，这无异于暴露了自己政争中的弱点。当他得知自己在未来国民政府中被安排的职务是外交部长的消息后，胡汉民抱怨道：他本人不懂外语，出任外交部长，几近玩笑，"当即发怒离席"。胡汉民这个人在政治上的致命弱点是不会在政敌之间八面玲珑，左右逢源。关键时刻既能化敌为友，又能反目为敌，这才是政治家屡屡得胜的要旨。所以，当时与胡汉民共过事的人说："捧胡展堂是捧也捧不上的"，"没有人对展堂先生不表示尊敬，然也没有人觉得展堂先生足以为全党一致归心的领袖"。

杨、刘叛乱平定后，大元帅府的改组就提到了议事日程。1925年6月14日，胡汉民在大本营召开政治会议，会议决定设立国民政府，并令各军将财政、民政、交通等机关交还政府。随后几天，连续召开会议，讨论政府的组织问题。6月24日，胡汉民根据这几次会议讨论的决定事项，发布了《革命政府改组宣言》，宣布设立如下政府机关：国民政府分设军事、外交、财政各部；设立军事委员会、监察部、惩吏院、省政府、市政委员会。但胡汉民对国民政府人选方面的重要问题，却不能参与。汪精卫就曾私下改动国民党中政会决定了的政府人选，在没有与胡汉民交换意见的情况下，交给报纸发表了。这表明胡汉民此时的权力已被架空。1925年7月1日，胡汉民自动解除代理大元帅职务，将大元帅府改组为国民政府，汪精卫、廖仲恺、胡汉民、谭延闿、徐谦、许崇智、伍朝枢、于右任、张静江、张继、程潜、朱培德、林森、戴季陶、孙科、古应芬16人任国民政府委员，汪精卫、胡汉民、谭延闿、许崇智和林森5人为常务委员，汪精卫为主席，廖仲恺为财政部部长、胡汉民为外交部部长、许崇智为军事部部长、徐谦为司法部部长、孙科为交通部部长，李文范为国民政府秘书长。聘请鲍罗廷为国民政府高等顾问。

国民政府成立，胡汉民结束了代行大元帅的职权，这也是他政治生涯的重要转折，此后一段时期内，他在政治上一直是不尽如人意，到后来竟有被"贬"之事。

第七章

与蒋介石合作"清党"

涉"廖案"赴苏，转向反苏"反共"

蒋、胡首度合作，建立南京国民政府

蒋、胡再度合作，消灭异己

一、涉“廖案”赴苏，转向反苏“反共”

大元帅府改组为国民政府后，原代行大元帅职权的胡汉民仅仅担任外交部部长，这种职位上的落差让他心有不甘。他身边的人劝他离开广州，他认为广州是革命的中心，不能够一走了之，相信国民党的中央委员中大多数会支持自己的，想通过召开国民党的一届四中全会，“再商量出一个办法来”。他派黄季陆携带自己的亲笔信，到上海、北京、张家口、开封等地，约请中央委员到广州开会。

1925年8月20日，国民政府财政部部长廖仲恺遇刺身亡。“廖案”的发生，扰乱了胡汉民重整旗鼓的计划，并且给他带来了非常大的影响。

1925年7月1日，中华民国国民政府在广州成立，由汪精卫任主席，聘请苏联鲍罗廷为政府高等顾问，图为当时合影。台阶上前排左起：2为许崇智（军事部部长），3为汪精卫（主席），4为胡汉民（外交部部长），5为孙科（交通部部长），6为廖仲恺（财政部部长）

廖仲恺被刺杀的当天下午，胡汉民召集临时政治会议，决定组织特别委员会处理廖案。但在特别委员会的组成上，鲍罗廷提议由汪精卫、许崇智、蒋介石三人组成，没有让胡汉民参与。该次会议还决定特别委员会不仅负责处理廖案，而且还将统制当时党部、政治会议、国民政府各机关。随后，广州市宣布戒严，侦查工作全面展开。

胡汉民和廖仲恺是留日时的同学，后虽政见观点上时有不同，但感情上还是比较贴近的。对其被刺杀，胡汉民十分关心，见到汪精卫等都要问及案件侦查的进展情况。8月22日，胡汉民在党部见到廖仲恺的夫人何香凝，何香凝告诉他，"今天接到一个消息，说刺廖先生是毅生主使的"。毅生是胡汉民的堂弟胡毅生。胡汉民听了，很是吃惊，表示无论是谁犯法，都应该受到法律的制裁。胡汉民至此方知道自己被排除在特别委员会之外的原因，也知道了汪精卫对他不理不睬的缘由了。胡汉民对廖案的关心，更加引起了特委会的怀疑。终于有一天，温情脉脉的敷衍被强行搜查所取代。

8月25日凌晨，胡汉民刚刚起床，嘈杂的喝令声打破了早晨的宁静。一伙手持枪械的士兵破门而入，为首的一个见到胡汉民，气势汹汹地问道："你是胡毅生吗？胡毅生哪里去了？"一个国民政府的高级官员却受到国民政府士兵的指问，胡汉民十分气愤，反问道："你是哪里来的？干什么这样凶狠？"那人答道："我是黄埔来的，廖先生死了，还有什么说的？"言毕，便指使士兵翻箱倒柜搜刮东西。胡汉民乘乱避往一个卖菜人的家中。

胡汉民的妻子陈淑子慌忙跑到汪精卫家询问个究竟。汪妻陈璧君打电话给蒋介石。过了很长时间，蒋介石派人来接胡汉民，并写了一封信给胡汉民，信中解释早上士兵所为"与先生无涉，仅毅生有嫌疑，故派人搜捕"等。原来，早上到胡汉民家搜劫者乃为蒋介石所派。

胡汉民被接到蒋介石处后，又被送往黄埔避居，时间长达近一个月之久。

胡汉民避居黄埔，如同软禁。此间，汪精卫、蒋介石等人均来过。后来由于廖案的侦破有些进展，经过调查和审理廖案特别法庭的审讯，刺杀廖仲恺的主谋是朱桌文、胡毅生、魏邦平、梁鸿楷、林直勉等人。虽然没有证据可以证明胡汉民与此案有直接关系，但刺杀廖仲恺的主谋曾经是胡汉民寓所的常客，并且供认出曾在胡汉民的寓所商量过驱除廖仲恺之事。况且，廖案主谋之一的胡毅生又是胡汉民的堂弟，因此才出现了"涉嫌""误会"等说法。胡汉民已不宜在广州待下去了。

胡汉民不能在国民政府内立足，国民政府高等顾问鲍罗廷建议他去苏联考察。

让胡汉民去国外考察，前提是要争取其本人的同意。蒋介石首先做了说客。9月初，蒋介石到胡汉民避居地，直截了当地对胡汉民说："鲍先生的意思，希望胡先生到俄国去一趟，休息休息。到俄以后，胡先生的生命安全，鲍先生是绝对担保的，鲍先生还要亲自来看看先生，鲍先生来过之后，先生就可以动身了。"

孙中山、胡汉民、汪精卫等人庆祝廖仲恺出狱时合影（第二排左起：廖仲恺、汪精卫、胡汉民、孙中山）

9 月 15 日，鲍罗廷来见胡汉民，当面向他提出赴苏考察一事。鲍罗廷说："苏俄的同志一定欢迎胡先生前去，胡先生理论之深博，态度之光明，我敢以人格担保苏俄政府欢迎胡先生，一定比欢迎任何大使公使都要热烈。一般人以廖案怀疑胡先生，这是没有的事。不过胡先生也不宜在广东，不如到苏俄走走，可以考察考察。""但胡先生去，必须坐俄国船，不能在上海停靠。我们并不是不放心胡先生，不过以胡先生的声望地位，怕反动分子会利用胡先生的招牌，搅出危害革命的事情来。"

胡汉民已经被限制自由将近一个月时间，与幽禁在广州相比，倒不如出去走走，看看苏俄的情况。他同意离开广州去苏俄考察。

就在鲍罗廷与胡汉民见面商定赴苏俄考察的当天，国民党中央执行委员会常会上，汪精卫对胡汉民涉嫌廖案的传言及派胡汉民赴苏俄考察一事作了如下说明："自廖案发生以后，社会上对于胡汉民同志发生两种批评：一则谓政府处置胡汉民同志失之太宽，实则胡毅生与胡汉民同志为弟兄，然胡毅生此次谋杀廖仲恺同志举动，汉民同志事前毫不知情，何能代为负责；一则党军当日往胡汉民同志住宅搜捕胡毅生，遂以为政府对于胡汉民同志予以难堪，未免失之太严，且因此生出许多谣言。实则革命政府之下，绝不能因一两同志个人之体面，故纵要犯。今政治委员会议根据廖同志未被刺以前之决议，仍请胡同志往外国接洽，以非常重大任务，付之胡同志之手，由此可知当日政府当局，对于胡同志并无若何芥蒂。"（蒋永敬：《胡汉民先生年谱》，第 351 页）汪精卫的这段话，是对胡汉民一个月所受到的特殊"待遇"及派遣出国考察的解释、说明。

同一天，汪精卫以国民党中央执行委员会名义致函苏俄共产党中央执行委员会，介绍胡汉民与其接洽。函云："本党自今年三月间，总理逝世后，即欲遣一重要同志来苏俄与诸先生商量种种问题，惟因时局关系，诸重要同志各有任务，以致未能成行。兹者胡汉民同志以政务繁冗，身体不适，有转地疗养之必要，本党托其来俄一行，既有益于疗养，又得乘此机会与诸先生会晤。胡汉民同志现为本党中央执行委员及政治会议委员，又兼政府委员及外交部部长诸要职，其在本党之历史的关系，想以为诸先生所深知。此次与诸先生会晤，所欲商榷者，为关于政治经济之一切重要问题，关于党的组织、宣传各种问题，及中国国民革命时代所应取之策略等等，本党已授权于汉民同志，俾得与诸先生详细接洽，报告于本党斟酌施行。"

（蒋永敬：《胡汉民先生年谱》，第 351—352 页）

鲍罗廷与胡汉民的谈话以及汪精卫在国民党中央执行委员会报告乃至随后的出访苏俄的介绍函，是国民党对胡汉民与廖仲恺被刺事件关系的权威解读，胡汉民"涉嫌"廖案，只是因为其堂弟是主谋之一，并且曾经在胡汉民的公寓商量过此事，但没有证据能够证明胡汉民参与此事。

1925 年 9 月 22 日，胡汉民自广州黄埔出发，搭乘苏联"蒙古号"轮船起程北上，开始了他为期半年的"考察"之行。

随胡汉民同行者有其 16 岁的独生女儿胡木兰、国民政府的秘书李文范、军事委员会秘书厅厅长朱和中、卫士杜松，一行共 5 人。其中，朱和中是鲍罗廷、汪精卫以照料胡汉民为借口派往监视其行动的。

胡汉民早年就投身到革命之中，为革命漂泊辗转，多方奔走，已是家常便饭。但此次不同以往，不得已的赴苏考察，不管冠以什么名头，都如同被放逐一样。当登上远行的轮船时，愤恨、忧伤、凄楚之情一齐涌上心头，于是赋诗《楚囚》一首：

> 稚子牵衣上远航，送行无赖是秋光；
> 看云遮处山仍好，待月来时夜渐凉。
> 去国屈原未憔悴，酖人叔子太荒唐；
> 浮屠三宿吾知戒，不薄他乡爱故乡。

此诗充分表露出胡汉民当时的心情，同时也流露出他对政治舞台的眷恋之情。

胡汉民一行坐船到海参崴，然后乘坐火车前往莫斯科，水路和陆路耗时一个多月，到达莫斯科已经是 1925 年 10 月 28 日。在苏联的领土上，胡汉民受到了高规格的热烈欢迎。10 月 4 日抵达海参崴时，受到了当地政府、党部、驻军、工人团体、学生团体及中国侨民团体等各界两万多人的欢迎，离开时也得到了各界隆重仪式的欢送。火车上安排的待遇照顾极为周到，"沿途美食，……极其丰盛，终日谈笑饮啖，及做种种游戏，几忘其为旅途矣"。10 月 12 日，到赤塔换车，也受到了赤塔省官员的热烈欢迎。10 月 28 日，到达苏联的首都莫斯科。在莫斯科，胡汉民受到了元首般的欢迎礼遇。苏联政府派一个团的军人列仪仗队，前往车站迎接的有外交部的代表、军事委员会军事部部长、苏军总司令部参谋长、莫斯科卫戍司令、莫斯科市政府代表、共产国际主席团主席之一片山潜，以及各界党代表、工农团体代表、新闻界代表、东方大学中国留学生及群众共六万人。在欢迎仪式上，先由苏军军事委员会代表致欢迎词，之后是片山潜以共产国际的名义致欢迎词，然后依次是各团体代表致欢迎词，胡汉民一一予以答谢。当时的场面，随行的朱和中后来回忆道："当时车站人山人海，甚至屋顶上车顶上，亦莫不全满，排比如春笋之密。"胡汉民受到如此礼遇，也是他始料所不及的。这多少冲淡了他因"被逐"而滋生的不愉快心情，他高兴地写信给国内，称苏联接待"感情之热烈，礼谊之隆重，肴食之丰美，同行者均谓平生所未遇也"。

胡汉民在莫斯科，除进行参观外还与苏联各界要人会晤，活动安排得满满的。他还应邀在苏联的《真理报》《工人报》上撰写文章，称赞俄国的十月革命，介绍中国的国民革命运动及三民主义。在苏联，胡汉民参加了苏联举办的十月革命的纪念活动，在他写的《苏俄十月革命纪念的感想》

一文中，他称赞十月革命，是二十世纪的第一件大事，是无产阶级解放的第一声，是宣告资本帝国主义死刑的第一法庭，是世界被压迫民族的第一福音，是实现马克思主义革命成功第一幕，是人类真正历史的第一篇。十月革命带给中国革命很多启示，使中国革命党认识到了工农团体的力量，在十月革命的启示下，国民党改善了党的组织。在介绍三民主义方面，胡汉民针对一些误解，强调指出：三民主义是一个整体，是一贯的，决不能把民族主义变成狭隘的祖国主义，把民权主义变成中产阶级的民主政治，把民生主义变成改良的社会主义；民族主义、民权主义和民生主义三个方面构成了完整的三民主义。

胡汉民在莫斯科，还会见了斯大林等苏联党政军及共产国际的领导人，向其介绍了中国的革命情况，并了解了苏联的政策，还同他们探讨了中国革命的问题。

胡汉民在苏联还向共产国际提出国民党加入共产国际的请求。在离开广州前，胡汉民曾经和鲍罗廷、汪精卫提议过此问题。他到达莫斯科后，即向共产国际执委会的有关负责人提出要求，探讨国民党的策略等问题，并提出国民党加入共产国际的问题。但中国共产党已经在 1922 年加入了共产国际，成为共产国际在中国的一个支部。共产国际执委会的负责人认为，不可能将国民党与中国共产党同等看待。后来，胡汉民在与共产国际主席季诺维耶夫会见时再次谈到了这个问题，季诺维耶夫提出国民党应当同共产国际建立关系，这种关系"不仅应当是名义上的而且也应当是实质上的"。受这次谈话的影响，胡汉民于 1926 年 2 月 13 日致信共产国际，正式提出国民党加入共产国际的要求。他还在共产国际执行委员会第六次扩大会议上发表演说，介绍中国国民党关于国民革命的主张和精神。斯大林得知胡汉民提出国民党加入共产国际的消息后，立即约他见面，同他谈了五六个小时，不同意国民党加入共产国际，劝说他审慎对待。最后，共产国际没有通过国民党加入的请求。

胡汉民在莫斯科，非常关心国内的时局变化。经常给国内汪精卫等人写信，谈及自己在苏的活动和观感。此间中国国民党发生了两件大事：一是西山会议事件，二是国民党第二次全国代表大会的召开。胡汉民都积极表达看法。

孙中山逝世后，一些反对国共合作的国民党中央执行委员、中央监察委员和候补中央执行委员林森、居正、邹鲁、叶楚伧、张继、戴季陶、谢持、覃政、沈定一、茅祖权、张知本、傅汝霖、石瑛、石青阳14人聚集在一起，于1925年11月23日，在北京西山碧云寺召开所谓的"国民党一届四中全会"，通过决议，宣布中国共产党"非法"，并通过了"取消共产党员在国民党中之党籍""开除国民党中央执行委员会中的共产党员""解雇顾问鲍罗廷"等反苏、"反共"、反对国共合作等议案。会后，此派人士在上海成立"国民党中央党部"，与广州国民党中央相对抗。国民政府成立后，胡汉民虽然曾有想借召开国民党一届四中全会改变自己的处境，但他并没有否定孙中山确定的联俄、联共、扶助农工的三大政策的意识。因此，他无论是给海外支部同志写信，还是给国内汪精卫等的信中，都对西山会议的行为严加批评，明确表示，不支持西山会议派的言论和活动。

对西山会议事件的鲜明态度，与胡汉民在苏联的言行是一致的。这些都为他在国民党内部赢得了良好的形象。1926年1月召开的国民党第二次全国代表大会，对胡汉民在苏联的表现给予了肯定，并给他发去了慰问电，"勉励其为党为国操劳"。在最后的选举中，他缺席当选为国民党中央执行委员、中央执行委员会常务委员、政治委员会委员、工人部部长。

国民党"二大"及其后的选举结果，对以"被逐"自视赴苏考察的胡汉民来说，多少有些出乎意料，说明他在苏联的表现起到了作用，他似乎看到了令人振奋的前景，他踌躇满志，准备回国以图东山再起。

1926 年 3 月 13 日，胡汉民一行由莫斯科起程回国。起程前发表了《辞别俄国工农群众书》，并受到了热情的欢送。在原道返回途中，胡汉民与来时惆怅的心情正好相反，沿途的美景，使他心情愉悦。在《西伯利亚雪》诗中，他写道：

　　　　大漠归途春未到，雪花仍与慰尘劳。

　　　　漫空絮舞风如醉，一色光荧月渐高。

　　　　自是九天霏玉屑，翻疑万壑涌银涛。

　　　　灞桥旧日寻诗客，到此应须分外豪。

在《贝加尔湖道中》一诗中，有"远山渐出天如笑，积雪才消草已苏"之句，见其心情之爽。

1926 年 3 月 25 日，到达海参崴后，需换乘轮船回国。这时，胡汉民方得知广州发生了"中山舰事件"，便更急于回国。但一直陪同胡汉民访问的苏联远东外交代表范斯亭忽然劝他不要急于回国。胡汉民问其原因，范斯亭没有说出令他信服的原因。

4 月 11 日，范斯亭劝说胡汉民北上返回莫斯科，说是国民党中央政治会议传来明码电报，命令胡汉民留在苏联，将有新的重大任务交给他。这两次阻止，使胡汉民原定的 4 月 13 日搭船返回的计划只好延期了。

4 月 16 日，苏方又派人阻止胡汉民回国。这次的理由是，中国国内的风声甚紧，上海、天津等地均逮捕国民党人，为安全计，请他延期回国。胡汉民以为是苏联方面要扣留他，一切托词都纯属作伪，所以他态度坚决地拒绝接受。4 月 19 日，胡汉民一行终于离开海参崴，与鲍罗廷、陈友仁、邵力子、顾孟余、谭平山等同乘一船，十天后回到了广州。

广州当时的政治形势并不像胡汉民想象的那样简单。

胡汉民离开广州已经半年时间，虽然他非常关注国内的政治局势，并时有书信往来，但"中山舰事件"之后的广州政治格局，扑朔迷离。国民党"二大"及其后选举结果，使胡汉民被表面的假象所迷惑。蒋介石导演的"中山舰事件"，就是复杂的政治权力斗争的体现。

国民党"二大"会议上，蒋介石因率黄埔军校学生军东征胜利，声望日隆，相继当选为中央执行委员会委员、中央执行委员会常务委员。这是蒋介石第一次进入国民党的中央核心领导层，但要想实现独揽国民政府、国民党的党政军大权还是有一系列障碍的。当时蒋介石若与担任国民政府主席、军事委员会主席的汪精卫相比，其声望资历是无论如何也不能相抗衡的。另外，苏联顾问团在广州国民政府中享有崇高的威望，很受国民政府中的要员及群众的拥护，顾问团手中又握有政治上、军事上援助中国的权力，因此在苏联顾问团中留有良好的印象十分关键。虽然蒋氏曾多次高喊联俄的口号，但蒋介石与苏联顾问团有矛盾，无论是在北伐的时间上，还是北伐的路线上，都有严重的分歧。尤其是在 1926 年初，苏联顾问团中鲍罗廷回国述职，离开广州一个多月，加伦又到北方冯玉祥军队中去指导工作，季山嘉便在这时充任了苏联顾问团首席顾问。而在顾问团中季山嘉与蒋介石的分歧矛盾是最大的，二人几乎闹到存留不并的地步。这是蒋揽权的又一障碍。此外，蒋介石揽权还有中国共产党、国民革命军各军的障碍。正在这时，又传来胡汉民欲回国的消息。虽然蒋、胡二人关系较为亲密，但蒋认为胡在国民政府成立后被降职，心有不甘，回国后也会参与权力竞争。

蒋介石是一个很有权术韬略之人，他想一个个清除揽权道路上的障碍。

首先，蒋介石想阻止胡汉民回国，阻止不成后，他便在胡汉民回到广州之前，把孙中山 1924 年 10 月写给蒋介石的信拿出来，其中有一段话评价胡汉民、汪精卫两个人，"盖今日革命非学俄国不可，而汉民已失此信仰，……吾党今后之革命，非以俄为师，断无成就，而汉民、精卫恐皆不能降心相从"。结合胡汉民在苏联的言行，此时公开此信，无疑是在说胡汉民耍两面派，在苏所言不能表达他的真正观点。此可谓"撒手锏"，先声夺人，确实厉害无比。

其次，蒋介石利用"中山舰事件"，一石三鸟。事件发生时，蒋介石曾派兵包围了苏联顾问团的住地。当时，苏联曾派一个观察团到中国，观察团亦在被包围之中。苏联顾问团对此事件的反应，完全听从了观察团的领导人布勒诺夫的意见。布勒诺夫是苏共中央执委委员、苏联红军总政治部主任，权力很大。布勒诺夫秉承斯大林过分信重国民党的主张，没有看到中国革命中存在的领导权危机。事件发生后，蒋介石向苏联领事馆表示"对人不对俄"，布勒诺夫则相信他说的与顾问团无关之语，并向蒋介石表示，与之矛盾很深的季山嘉可以回国。蒋介石则表示要继续与苏联顾问团合作。

蒋介石借口中山舰无故驶往黄埔，并升火达旦，遂逮捕该舰舰长、共产党党员李之龙。随后便扣押了第一军中所有的共产党员。如此挑衅、进攻，中国共产党内部对此意见不一，有的主张不干预，有的主张坚决反击。此时总书记陈独秀因病不在。中央无主，加上蒋介石大耍两面派伎俩，事件后马上写了一个"自请处分"的呈文，迷惑了一部分人。中共中央决定采取不干涉的妥协退让之策。

汪精卫在事件发生初始，感到很是震怒，认为这是蒋介石目无"主席"的僭越和造反。但汪精卫这位军事委员会主席却调动不了军队，只好采取消极态度，被"气"而"病倒"，继而隐居。

在这样复杂的政治形势下，胡汉民回到了广州。他回来后，频频活动，出席报告会，报告访苏之观感，与蒋介石等政要见面，谈论他的政治主张。

1926 年 5 月 3 日，胡汉民在国民党第 138 次中央政治会议上的报告，代表了他回国后的政治主张。他说，考察苏联之后，得出三点结论，苏俄联合国民党，是以国民党为工具，利用中共阴谋捣乱；苏俄是共产党干部斯大林个人专政；苏俄以中国革命问题，作为内部斗争的工具，为个人夺取政权借口，不能代表无产阶级。随后，胡汉民又在总理纪念周上发表演说，提出了"党外无党，党内无派"的口号。

究竟是什么原因使胡汉民思想发生了转变，由一名联俄联共的拥护者转变为反对者呢？赴苏考察是其思想转变的一个节点。对于这个转变，胡汉民谈到，他去俄国考察，并没有得到什么革命的经验，得到的仅仅是彻底发现了俄共及共产国际的阴谋，了解到了俄国共产党"勾结"中国共产党，利用联俄联共政策的掩护，对国民党进行阴谋篡权挑拨分化的诡计。实际上，从胡汉民自己解释思想转变的原因中我们不难看出，他是戴着"有色的眼镜"去考察苏联的，他发现了苏联共产党及其新生国家在实践中存在的弊端，并且加以放大，再加上共产国际对中国革命指导上存在的问题，所以他怀疑共产主义，批评苏联共产党存在的弊端。考察苏联只是其思想主张变更的一个借口，他是站在国民党的立场上来与共产党合作的，当共产党的活动与他所认为的国民党利益发生冲突时，他就毫不犹豫地抛弃了"容共"的主张。另外，胡汉民在此时抛出其"反共"主张，也是为了迎合蒋介石制造的"中山舰事件"，希图重返国民党权力的中心。但是，蒋介石并没有如胡汉民所希望那样，立即全面与苏俄和中国共产党决裂，而是称赞工农运动，继续聘请鲍罗廷为顾问。

胡汉民的"反共"主张没有得到蒋介石的回应，他的国民政府外交部部长的职位又正式被陈友仁所取代，他在广州无所事事，只好于 1926 年 5 月 9 日乘船离开了广州。

胡汉民在兴奋和企盼之中回到广州。可是，只十天时间，他重返国民政府舞台的梦想就被打得粉碎，他感到委屈和愤懑，在离开广州时，写了一首诗，表达了他当时的心境：

汉节羁留异域迟，岂知相苦是相思；

如何邂逅长亭日，不赠当归赠可离。

解衣投地诉君王，百战余生亦可伤；

无怪旁观人冷语，从来健者欠思量。

诗中既含悲愤，又含慨叹。

巧合的是，在胡汉民乘坐的轮船上，还有被蒋介石排挤而"卧病"隐居多日的汪精卫。曾是孙中山麾下最得力的两位助手，曾以"薪"和"釜"相喻的革命战友，今天又成了同是沦落天涯的难友，可是二人却连晤面说话的热情都没有，更谈不上走到一起了。胡、汪二人的同时离去，给蒋介石独揽大权提供了绝妙的机会。

二、蒋、胡首度合作，建立南京国民政府

胡汉民不得不离开广州后，经香港来到了上海。在上海，他闭户读书，以译述著作维持生计。

这时，国内的政治形势迅猛发展着，国民革命军北伐取得了阶段性的胜利，革命势力扩展到长江流域，并将国民政府和国民党中央党部迁至武汉。随着革命形势的发展，工农运动的蓬勃兴起，国民政府及国民党内部的矛盾再次开始显现，矛盾的焦点主要是由谁来掌控国民政府的迁都之争？如何对待苏俄及中国共产党？

1926年11月，国民党中央政治委员会决定国民政府迁都武汉，12月初，

蒋介石与胡汉民

国民党中央通电宣布中央党部及国民政府北迁武汉。时任国民革命军总司令的蒋介石也曾主张迁都武汉，但当他看到两湖地区工农运动高涨，包括中国共产党在内的国民党左派要在武汉国民政府中占据优势时，蒋介石提出迁都南昌。由此发生了迁都之争。虽然蒋介石迫于压力最后放弃了迁都南昌的主张，但蒋介石与国民党中央及国民政府的裂痕已经产生。蒋介石在北伐军占领南京、上海之后，开始酝酿"清党""反共"。

"反共""清党"，另立门户，仅仅靠军事力量是不行的，必须有国民党元老级人物的支持。当时，在国民党中声望最高的是汪精卫和胡汉民二人，汪精卫在"中山舰事件"后，出国养病，但他是名义上的国民政府主席，国内迎汪复职的呼声很高，所以，蒋介石首选合作者是汪精卫。

1927年3月末4月初，国民党的右派分子纷纷咸集上海，吴稚晖、李石曾、蔡元培、张静江、古应芬等人为蒋介石发动政变筹划。4月3日，汪精卫从法国归来，蒋介石偕吴稚晖等人去拜访，共商"反共"大计。蒋、汪等人达成协议，由汪精卫出面通知陈独秀停止共产党的活动，停止执行汉口及中央党部的命令，各团体、各党部及各地武装应听从总司令蒋介石的指挥。

就在蒋、汪晤面的同一天，汪精卫还去与胡汉民见面，二人谈及了目前的国内形势及国民党的处境，胡汉民提出国民党要实行"分共"政策，汪精卫表示同意，但又提出此事要在 4 月 15 日中央执行委员会开会时商讨解决。

汪精卫刚刚踏上国土，对蒋、胡等人的"反共"主张虚与委蛇，表面上同意，内心却有自己的想法：一旦自己走入蒋介石的阵营中，要以"反共"迟到者的面目出现，地位要在蒋介石军权受制之下。自己一向以"左"的姿态示人，武汉方面这时连连来电催其回武汉主持大局，不如回到武汉继续坐第一把交椅。于是，汪精卫一反前几天"分共"的主张，坚持强调孙中山联俄联共政策不能改变，并离开上海去武汉。4 月 5 日，汪精卫与中国共产党领导人陈独秀联合发表一个告国共两党同志书的声明，宣布国共两党将继续合作，绝不受人离间中伤等。

汪、陈宣言一出，蒋介石看到联汪"反共"无望，便转而与胡汉民联合。4 月 5 日，吴稚晖、李石曾、蔡元培来到胡汉民处，约请他同去南京，共掌"反共"大局，并将 4 月初几名监委提出的"查办共产党案"出示给胡汉民。胡汉民欣然接受了约请，主张用非常手段"清党"，"非以壮士断腕的决心，'反共''清党'不可"。

蒋介石（左一）、胡汉民（左二）等人在南京宣誓就职

在蒋介石等人的约请下，胡汉民前往南京，并在 4 月 14 日主持召开了国民党二届四中全会预备会议，为计划翌日召开国民党二届四中全会做筹备。4 月 15 日，由于武汉方面的国民党中央执委、监委未来南京，国民党二届四中全会开不成，只好改为谈话会。谈话会不符合国民党的"法理"，不能以国民党的名义做出决定。胡汉民为之贡献一两全之策：常务会议不能召开，而党务、政务又亟待解决，中央政治委员在南京尚有八人，应召开中央政治委员会议主持一切。于是在南京的国民党中央政治委员举行会议，决定在南京成立国民政府，选举胡汉民为国民政府主席，而后胡汉民提议以钮永建为国民政府秘书长，以吴稚晖为国民革命军总政治部主任，陈铭枢为副主任，此提议得到了众人的审议通过。

1927 年 4 月 18 日，蒋介石、胡汉民合作的南京国民政府正式宣告成立。在成立的仪式上，一身戎装的蒋介石和身着传统丝绸马褂的胡汉民尤其引人注目，当胡汉民接过代表国民党中央党部的蔡元培手中国民政府之印时，会场响起了热烈的掌声和欢呼声。胡汉民即以国民政府主席的身份发表演讲，大谈跨党分子破坏国民党、破坏国民革命的"阴谋"及"清党""反共"的必要，呼吁全体将士拥护蒋介石，以巩固"革命"的阵营。蒋、胡合作后，胡汉民还担任了国民党中央政治会议主席、中央执行委员会常务委员兼宣传部部长、秘书处秘书、军事委员会常务委员、中央宣传、组织、财务、法制、外交等委员会委员，其职务之多，可见其在南京国民政府中的重要性了。

在南京国民政府中，胡汉民不仅是名义上的政府主席，而且在"清党""反共"的理论方面，做了大量的工作，与蒋介石的武力"清党"呼应，一个"清心"，一个"清体"，相得益彰。

胡汉民就任南京国民政府主席后签署发布的第一道命令——《国民政府密字第一号令》，就是针对中国共产党的。其中称："共产党窃据武汉，破坏革命之进行，数月以来，肆行残暴，叛党叛国，罪恶贯盈，最近实施卖国之外交，牺牲国权，以取悦于帝国主义者，又复爪牙四布，荼毒民众，使湘鄂两省演成大恐怖，我先民固有之美德，数千年所恃以立国者，亦皆败毁无余。综其所为，祸有甚于洪水猛兽，瞻念前途，不寒而栗。政府奉行先总理之遗教，誓竭全力，期三民主义之实现。惟欲建设平等独立之国家，必先扑灭一切反革命之势力。共产党图谋倾覆本党，逆迹昭著，中央监察委员会举发，并致训令国民革命军总司令蒋中正，于最短期间肃清叛乱。查此次谋逆，实以鲍罗廷、陈独秀、徐谦、邓演达、吴玉章、林祖涵等为罪魁，以及各地共产党首要、次要分子，均应从严拿办。着国民革命军总司令，各军长官、各省政府通令所属一体严缉，务获归案重办。"通令后附所通缉的 197 人的名单。（蒋永敬：《胡汉民先生年谱》，第 391 页）

胡汉民还给共产党罗织了种种"罪名"，如破坏本党、牺牲国家、欺骗农工、背叛主义、只顾争夺个人权利等，诬蔑共产党为"万恶不赦的叛党分子"，是与北方军阀一样的敌人。他因此主张"要彻底来'清党'，要将武汉共逆扑灭得干干净净才行"。

"清党"期间，是胡汉民一生中撰写"反共"理论文章最多的时期，发表了《三民主义之认识》《"清党"之意义》《CP 的手段和策略》《青年的烦恼与出路》《国民党民众运动的理论》等文章。他领导的国民党中央宣传部还办了《三民主义半月刊》，成为当时"反共"宣传的重要阵地。在理论"反共"方面，胡汉民也有自己的特色。他不仅攻击共产党之理论，同时还吹嘘他的所谓三民主义理论，以他的三民主义理论来驳斥共产党的理论。他宣扬三民主义理论博大精深，已经包容了世界上所有革命的理论。世界上任何国家都存在着民族、民权、民生三大问题，解决它只有用互相联系、密不可分的三民主义，并武断地说："世界上无论哪一派的革命主义，在理论上没有哪个能如三民主义的完备，在实行上更没有哪个能够跳出三民主义的范围。"在胡汉民的眼里,三民主义成了"世界革命唯一最高最博大最适合的原则"。

胡汉民所极力倡言推崇的三民主义,是孙中山的旧三民主义。实践证明,旧三民主义已不适应中国革命发展的需要,孙中山已把它发展为新三民主义。胡汉民与孙中山的差距就在于,胡汉民死抱着过去的理论不放,而孙中山则能够吸收先进的思想,来充实发展自己的理论。

胡汉民大力宣扬旧三民主义,其目的是反马克思主义。因此,胡汉民在讲三民主义的同时,总忘不了对马克思主义攻击、驳斥和诬蔑,称马克思主义是"流行一时的旧古董",在理论上不懂民族主义和不要民权主义,从而"犯了不够做世界革命基础的幼稚病"。他认为,马克思主义有两大明显的缺点,一是不新,它仅是就七十年前的欧洲经济现象得出的结论,不是就世界进化现象全部所下的结论。二是不够,它受时间空间的限制,所研究的对象只是经济生活演进的一段;研究的范围,只是欧洲一二国的经济材料。马克思主义怎能比得上"包罗全部历史事业和应全世界进行定律的三民主义"。胡汉民说共产党是主义的寡情者,到处拐骗民众,把共产党推行的农民政策视为"运动地痞流氓",把受共产党领导觉悟起来进行革命的工人说成是"如像被疯狗咬成的疯人一样,猖狂起来,急切里简直没有挽救的方法"。他把共产党与军阀、帝国主义等同并列,合称是中国民族生存的"三大恶魔",并号召民众起来反对共产党,为清除这"三大恶魔"而斗争。

除了理论上进行"清党""反共"的阐述外,胡汉民还对"清党"的具体方式、步骤等进行"指导"。1927年5月5日,胡汉民与吴倚伧在国民党中央常务委员会上提出了六条"清党"原则:(一)在"清党"时期停止发展党员;(二)所有党员经过三个月审查后重新发党证;(三)土豪劣绅、贪官污吏、投机分子、反动分子及一切腐化、恶化分子等混进本党者，一律清除；（四）所有党员，须每半个月向所属党部报告其工作，无故一月不报告工作者，一律加以警告，三个月不报告工作者，取消党员资格；（五）海外"清党"办法另定之；（六）由邓泽如、吴倚伧、曾养甫、何思源（后改为萧佛成）、段锡朋、冷欣、郑异组织"中央'清党'委员会"。

鉴于共产党在民众中的影响非一时可以清除，胡汉民又于5月11日提出了统一口号案，由国民党中央宣传部将北伐以来的口号详加审查甄别，取其对"清党"有利者存之，不利者去之，以"肃清"共产党影响。

南京国民政府成立后，与武汉的国民政府并存，是谓"宁汉分裂""宁汉之争"。同为国民党建立的两个国民政府，在北伐的军事斗争还没有结束的情况下，宁、汉双方争之焦点是谁为"正统"，争之手段仅限于言论方面，口诛笔伐，并没有诉诸武力。当时，已经参加国民革命的北方实力派冯玉祥的态度，对宁、汉双方来说，至关重要。因此，宁、汉双方都极力争取冯玉祥的支持。武汉方面，汪精卫率人亲赴郑州，与冯玉祥会谈。南京方面，胡汉民和蒋介石也率领一班要人，到徐州与冯玉祥会面。

在胡汉民等人"诱导"劝说的同时，南京方面又用每月给西北军200万元军饷的代价，换取了冯玉祥与南京政府的合作。冯玉祥离开徐州回到郑州后，即电武汉方面，大肆攻击中国共产党，并敦促汪精卫等人立即驱逐鲍罗廷，彻底"反共"。胡汉民回到南京后，则积极为冯玉祥筹措军饷，以实践徐州会议上对冯玉祥许下的军饷之诺。为了向冯玉祥表明南京政府与之合作的诚意，7月4日，胡汉民与吴稚晖联名致电冯玉祥："同人自徐回宁，无日不以尊处饷需为念。已设法筹拨现洋百万元，想已收到，军米一时采购不易，当陆续购办。"

徐州会议后，武汉政府更加"孤立"。在蒋介石、胡汉民的策动影响下，武汉政府内的一些军官如许克祥、夏斗寅、杨森、朱培德等纷纷起来"反共"，从而加深了武汉政府的危机。在这种情况下，汪精卫等人加快了"反共"的步伐。7月14日,汪精卫在武汉国民党中央政治委员会主席团会议上,提出了"分共"的主张。第二天,汪精卫在中央常务委员会第二十次扩大会议上,作了《容共政策之最近经过》的报告。会议通过了"分共"的三点决议。

武汉"反共"之后,宁汉之间因"清党""反共"问题上的分歧不复存在,双方对立冲突的焦点就转移到了争国民党"正统"上。

汪精卫相对于南京方面的蒋介石、胡汉民来说,在"反共"问题上是个"后知后觉者",胡汉民当然得此不饶人,尽攻击讽刺之极,努力争取南京的"正统"地位。胡汉民把武汉的"分共"行为斥之为"伪装","将灰色染上,做成保护色,辟开国民党和全国国民攻击的目标",讽刺武汉的"清党"是温和的,"好像部队的调防一样",武汉的欢送到南昌来,南昌的又欢送到武汉去。

为了贬低武汉的"反共"地位,胡汉民相继写了《武汉方面的三种"反共"与三种心理》《今日两湖的情况》等文章,进一步分析了武汉方面"分共"的心理动机,把武汉方面的"分共"分为三种情形,分别进行了批判。第一种是"直接受共党的策略的,一切以退为进,表面上虽喊'反共'的口号,骨子里还是作有计划地进行";第二种是"新近发现共产党收拾国民党的计划的,愤恨被共产党利用而又丢弃的";第三种是"武汉的军民,直接感受痛苦而又'反共'的"。分析了这三种情形之后,胡汉民得出结论:"尽管三种'反共'情形有三种不同的心理,但是武汉一方,可算已经为南京方面的主张所战胜了。"

宁汉双方都给自己所攻击的一方罗织了一大堆罪名,汉方称他们反对南京的斗争是"党权运动",宁方则称自己反对武汉是为了"维护国民党"。蒋介石、汪精卫则是双方互为攻击的目标。武汉方面,汪精卫、唐生智等人指责蒋介石:"挟持党军,遂进而挟持党部,使国人知有蒋中正,不知有党。"称蒋介石"罪大恶极，罄竹难书。使蒋一日存在，即一日无国民党。国民党与蒋势不两立"。蒋介石则把南京方面的众"长衫佬"胡汉民、吴稚晖、张静江、李石曾等推到"前线"，与汉方相周旋。其中，胡汉民的表现最为突出，为蒋介石评功摆好。胡汉民吹捧蒋介石是孙中山生前"最重视、最信任"之人，这种吹捧出自于胡汉民之口，等于肯定了蒋介石是孙中山的继任人。

正当胡汉民等"长衫佬"在与武汉方面打笔墨之战时，原来支持蒋介石的桂系将领李宗仁、白崇禧拥兵倒戈，致电武汉方面，提议宁汉合流，得到了武汉方面的积极回应。此时，唐生智又发出讨蒋通电。武汉及宁方的反蒋势力，都有一个共同的目标，要求蒋介石辞职下野。胡汉民曾利用与广东省长李济深的师生旧谊，对桂系施加影响，但也无力回天。而这时居中调停的冯玉祥也没有为蒋介石说什么好话。无奈之下，蒋介石再次"以退为进"。得知蒋介石要离开南京，胡汉民曾极力劝阻、挽留。但形势对蒋介石来说已是迫不得已。1927 年 8 月 12 日晚，蒋介石离开南京去上海，8 月 13 日，蒋介石发表了下野宣言，"余之存在既非党之利益，故余毫不踌躇，即刻下野"。

蒋介石下野给胡汉民打击很大。蒋、胡二人联袂建立南京国民政府，在"反共"问题上，一个"清体"，一个"清心"，配合得颇为默契。但在权力角逐就是军事实力较量的年代里，胡汉民手无"寸铁"，他也无力回天，只好发出与蒋介石"其惆怅相同"的慨叹。蒋介石宣言下野的第二天，即 8 月 14 日，胡汉民与吴稚晖、蔡元培、张静江、李石曾等人联名致电冯玉祥，表示了与蒋介石一致的立场和态度。

给冯玉祥的电文中，既有对冯的不满，反对他所提出的在安庆召开会议解决宁汉之争，"夫议而必至于会，会且必赴各非所居之安庆，则双方尚有不可思议之小隔阂可知"。电文中又有为蒋介石的辞职离去的解释，为蒋唱高调："容共之错误，既先后痛哭流涕而追悔，则个人之牺牲，亦宜彼此争先恐后而自动，虽弟等自信能至议席让步，然何如介兄早让之直捷。盖自'共党'捣乱而后，彼此约束乏力，无讳为薄弱，宁方尚留倒汪之残帖，汉上亦有骂蒋之新电，双方枢要，皆无奈何其徒党，……所以骑马不必寻马，釜底可以抽薪，止需牺牲任何一方，便不必有会，亦无所用议，既完全自然解决。"电文最后称："介兄远矣，故现亦幡然改其安庆之行，各为故里之游，一了即百了。"请冯玉祥"一柱擎天"。（蒋永敬：《胡汉民先生年谱》，第406—407页）

电文发出后，胡汉民离宁赴沪，随蒋介石之后而下野。至此，胡汉民与蒋介石的首度合作宣告结束。

三、蒋、胡再度合作，消灭异己

宁汉合流后，双方的矛盾并没有解决，加上西山会议派（因其设立的中央党部在上海环龙路44号，亦称为沪派）的加入，国民党内部的矛盾更加复杂。宁、汉、沪三方经讨价还价，合组成中央特别委员会，推举谭延闿为国民政府主席。但共同被推为中央特别委员会委员的胡汉民、汪精卫、蒋介石这三位重要人物，对特委会都采取不合作的态度，中央特别委员会仅存在两个多月就夭折了。

在宁、汉、沪三方争斗中，蒋介石由于手握兵权，采取积极主动的策略，纵横捭阖，又拉又打，打拉结合，最后在各方的"拥护"下，于1928年初，重回南京复职。而胡汉民在争斗中，由于对汪精卫等人的不满，采取了彻底的不合作态度，在上海除了偶尔与蒋介石见面及文电往来之外，谢绝其他任何人拜会晤见。实际上，胡汉民尚处在怀恋与蒋介石第一次合作的愉快回忆之中，仍想与之再续合作之缘。在国民党内各派势力之中，蒋介石选择合作的对象只要对自己有利就行，而胡汉民带有中国传统文人的气息，推崇"道同"而谋。蒋介石抓住了胡汉民的这个特点，借助欲和汪精卫合作、故意拖延查办汪派集团的提案来刺激、激怒胡汉民，以达到排斥他的目的。

胡汉民与汪精卫这两个曾经同乡、同学、同道之人，因"廖案"及国民政府选举中埋下的矛盾，随着时间增长，日渐加深。宁汉合流之后，胡汉民多次公开发表谈话或著文抨击汪精卫，说他"共产党色彩过浓"，劝他"少预闻国事为是"。汪精卫曾多次要求与胡汉民见面共商国是，都被胡汉民毫不留情地拒绝了。果然如蒋介石所料，想与汪精卫合作、故意拖延查办汪派集团的提案等的做法，激怒了胡汉民。当蒋介石向胡汉民发出电报，邀请他来南京"共支危局"，以便"面承教诲"时，他回电拒绝。胡汉民认为，当前最重要的任务有两个，一个是完成北伐，另一个是"肃清共党"。对于军事上的北伐，自己无能为力，要仰赖于蒋介石及各位军人。至于战胜共产党，他认为，首先要知己知彼，但目前只是知彼己之病，"未熟治病之方"，因此自己要致力于以下三点工作：（一）三民主义之阐扬；（二）民众运动之理论与其方略；（三）党之组织与其运用。这三点工作是自己能为国民党做的最适宜的工作，"致力与能致力于党者，实无逾此"。

胡汉民并不是不想重回政坛，只是他认为时机未到。此时不与蒋介石合作，但又不反对蒋介石，"余等决非欲反蒋介石，而亦非欲援助之"，这是胡汉民当时的心态。无可奈何之中，胡汉民决定出国考察。他自称此次出国考察的目的有三：一是考察各弱小国家人民的生活状态，"对于先进诸国之优点，亦顺为采择，以为吾国或其他弱小民族一助"；二是考察文明之国的政治、经济，取其所长，并宣传废除中国的不平等条约，另订新约；三是慰问长期支持国民党的海外华侨，"并接洽一切，以期内外合作，建设中国今后之新事业"。

1928 年 1 月 25 日，胡汉民偕孙科、伍朝枢夫妇、秘书刘芦隐和傅秉常、女儿胡木兰等人离开上海，乘船赴南洋及欧美考察。胡汉民一行先后考察了菲律宾、印度、伊朗、埃及、土耳其、法国、德国、英国等国家，历时七个多月。

在东南亚，胡汉民主要是慰问华侨及访问当地政府。辛亥革命前后，胡汉民曾在东南亚一带活动，当地的华侨给予了他很大的支持和帮助，本次故地重游，胡汉民发表演讲，拜会看望，向多年来一直支持三民主义革命的华侨表示感谢，并希望他们继续支持国民党，实现北伐胜利，完成国家的统一，同时也呼吁废除帝国主义国家在华的不平等条约。

在南洋作短暂停留后，胡汉民一行经伊朗、埃及，到达新兴的国家土耳其。胡汉民曾关注过土耳其的发展进程，早年写过《就土耳其革命告我国军人》的文章。第一次世界大战后，土耳其的资产阶级在基马尔的领导下，通过武装斗争，于 1923 年建立了土耳其共和国。胡汉民认为土耳其的国情与中国的国情有许多相似之处，其成功经验足以为国民革命之借鉴。于是，胡汉民用两周时间，较为详细地考察了土耳其的军事、政治、财政、教育等方面，尤对其党政、党军间的关系欣赏备至。他在归国后，到处宣讲土耳其的种种好经验，都讲得有些让人厌烦，王宠惠就曾劝他少讲一些。在土耳其，胡汉民还争取到了外交上的支持。经过胡汉民的努力，土耳其政府表示愿意向南京派出使节，这在当时北伐尚未完全成功的情况下，有此表示的国家很少。胡汉民非常高兴，随即把这个消息写信告知了南京政府。

随后，胡汉民一行到欧洲的法、德、英三国进行访问。胡汉民在法国停留了两个月，曾与法国上议院院长杜美讨论过废除中国不平等条约的问题，杜美同意胡汉民的观点。在德国，胡汉民公开发表谈话，指出列强各国如想继续保持过去在中国的特权，已是不可能。他还同德国国务院秘书长许伯商谈建立中德邦交问题。在英国，胡汉民会见了英国外相张伯伦、工党领袖麦克唐纳、自由党领袖劳合乔治，同他们谈得最多的仍然是废除中国不平等条约问题，他们三人表面上都附议胡汉民的主张，表示愿意为废除不平等条约而努力。

胡汉民在西欧的一系列外交活动，宣传了国民党的政策，争取国际对国民党的支持，为国民党找寻国际上的朋友，"求吾国人民与世界诸大国处于同等地位"，试图废除各国在华的不平等条约，凡此种种，都是从国民党的整体利益出发。尽管如此，胡汉民的频繁活动还是引起了国内南京政府蒋介石等人的警惕。当时以南京政府建设委员会国外代表团名义在欧活动的李石曾，对胡汉民等人的活动作种种猜测，不断与张静江、蒋介石通信，报告胡汉民等人的行踪，称其想"在国外造成第二最高外交机关"与国内对抗，"图有作用"。并把胡汉民一行与同在国外的西山会议派分子许崇智、邹鲁等人联系起来，说他们的活动各有所侧重，"胡总其成并注意海外党务人才等等；伍（指伍朝枢）注重外交，尤重美国；孙（指孙科）注重财政建设。盖伊等直若一政党者然，将种种事务皆作准备，以为一日登台之用"。

胡汉民在国外考察期间，国内形势发生了重大变化。蒋介石复职后，将国民政府所统辖的军队重新编组为国民革命军四个集团军，继续进行北伐。北伐军先后击败张宗昌、孙传芳的军队，将革命的势力推进到黄河中下游及华北一带，1928 年 6 月初和平接收了京津地区。6 月 15 日，南京国民政府发表对内、对外宣言，宣布中国统一大业"正告完成"，"此实结束军政，开始训政之时也"。

恰北伐正告成功之际，胡汉民于 1928 年 6 月 3 日由法国巴黎致电给国民政府主席谭延闿，提出了《训政大纲》案。此案包括《政治会议纲领》和《国民政府组织纲领》两大项。胡汉民在陈述本案的原则时说："北伐完成，当依总理建国期主义之实现，审察内外情势，深信今后党国发展，不能外如下之原则：（一）以党统一，以党训政，培植宪政深厚之基；（二）本党重心，必求完固，党应担发动训政之全责，政府应担实行训政之全责；（三）以五权制度作训政之规模，期五权宪政最后之完成。"（蒋永敬：《胡汉民先生年谱》，第 427 页）在这个提案中，胡汉民规划了国民党完成北伐之后实行训政时期的蓝图。

6 月 18 日，胡汉民在德国柏林给国内寄回《训政大纲说明书》，对前几天提出的《训政大纲》案内规定的原则和制度做了进一步的补充说明，其主要内容为：国民党夺取政权后，应以政权保姆自任，以政权最终付诸国民为归宿；国民党应训练国民的能力，直至能够管理政权；训政时期的国民政府应由行政、立法、司法、监察、考试五院组成，而国民党的政治会议是全国训政的发动与指导机关，它发挥着"连锁党与政府的关系"。

在孙中山的建国方略中，以党治国、五权分立及革命三个时期理论是最为著名的。他认为，中国革命、统一及建设国家，分为军政、训政、宪政三个时期，而军政、训政时期必须有革命党（国民党）来领导。孙中山还把人的认识水平分为三种，即"先知先觉""后知后觉""不知不觉"。进行革命必须由少数的"先知先觉"者组成政党，发动"后知后觉"者参加，夺取政权，此为革命的第一时期——军政时期。军政时期结束后，再由革命党人对"不知不觉"的广大民众进行辅导和训练，培养他们管理国家的本领，这是所谓保姆政治的训政时期。广大民众学会管理之后，国民党的"保姆"任务已经完成，政权可由人民群众直接掌握，这就是革命的最后时期，也是革命目标实现了，即宪政时期。胡汉民根据孙中山的这个建国思想，认为，在北伐完成之后，全国统一的情况下，革命党人已经掌握了全国政权，可以视为军政时期已经结束。因此，他适时地提出了《训政大纲》。

1928 年 8 月 8 日至 15 日，国民党二届五中全会在南京召开，会议决定开始实行训政，根据孙中山的建国大纲，设立行政、立法、司法、考试、监察五院，逐渐实施，并迅速起草约法。这等于接受了胡汉民的建议案。于是，胡汉民从法国乘上亚多士号邮轮启程回国。

1928年8月28日，胡汉民结束了七个多月的国外考察，乘船回到了香港。到香港迎接他的，除了他的妻子陈淑子、胞兄胡瑞清、堂弟胡毅生等亲属外，广东省的重要人物，陈济棠、陈铭枢、林云陔等数百人也前来迎候。下船后，胡汉民与粤方军政要人进行简单会谈后，前往妙高台寓所。

广东方面出动军政要人前来迎接，目的是想劝胡汉民回广东主持政治分会，与南京"分治合作"，借胡汉民的声望维持西南的政治局面。胡汉民没有接受广东军政要人的建议，到港第二天，公开发表了对时局的看法，表示了自己的政治主张和行止问题。他说："建设中国，彻底实施五权宪法，自属紧要。而全体同志尤须一致团结，若徒以抨击左派为事，则与实行共产党之策略正同。乃真正国民党之所不取，至撤废政治分会一事，余尚有一言，盖政治分会，乃因军事时期，应运而生者，所谓过渡办法也。现在既入于训政时期，当无再存留之必要。"他还表示，不日即将北行。胡汉民的一番谈话，否定了蒋介石得到的胡汉民等"在国外造成第二外交机关"的消息传言，再次强烈地表示与蒋介石合作的愿望。

在香港短暂停留后，胡汉民与陈铭枢等离开了香港，9月3日到达上海。蒋介石特派张群率人去沪码头迎接。胡汉民抵沪后，对报界声明："对国内党政，须与各同志晤谈后，始发表意见。"接下来几天，胡汉民十分繁忙，相继与蒋介石、吴稚晖、李石曾、李济深、李宗仁等要人晤谈，当时的报界称，胡汉民连日来"与各中委讨论党国要务"，会谈"颇融洽"。晤谈后，胡汉民始"发表意见"，"吾人晤面，非寻常敷衍，必须意见一致，会晤始有意义，现训政开始，当首求时局安定，庶政治入正轨，次实行建设，建设首要交通，次办统计。五院均宜速设立，……赴京当俟此问题适当解决后再定云。"胡汉民到上海后，实际上就已拉开了蒋、胡再次合作的序幕。

胡汉民与蒋介石等军政要人达成一致意见后，于 9 月 18 日来到南京。这一天早晨，在胡汉民回国前公开称因病"住院"于上海医院的蒋介石，已"痊愈"，乘车先行入京。这一天晚上，胡汉民同蔡元培、李石曾、李宗仁、李济深、陈铭枢、王宠惠、戴季陶等同车赴南京。

9 月 20 日，南京国民党中央常务委员会开会，会议决定加推胡汉民、孙科为中央执行委员会常务委员，并由胡汉民负责领导中央执行委员会秘书处。

10 月 3 日，国民党中央常务委员会通过了胡汉民所提议的《训政纲领》。《训政纲领》，规定，在训政时期，由中国国民党全国代表大会代行国民大会职权；在中国国民党全国代表大会闭会期间，由国民党中央执行委员会行使中国国民党全国代表大会职权；由中国国民党训练国民逐渐行使选举、罢免、创制、复决四种政权；在中国国民党中央执行委员会政治会议指导监督下，国民政府总揽执行行政、立法、司法、考试、监察五项治权；由中国国民党中央执行委员会政治会议决定中华民国国民政府组织法的修正及解释。

10 月 8 日，南京国民政府公布按照《训政纲领》修改后的《中华民国国民政府组织法》，规定国民政府"总揽中华民国之治权"，由"行政院、立法院、司法院、考试院、监察院五院"组成。同一天，国民党中央 173 次常务会议正式通过任命蒋介石、谭延闿、胡汉民、蔡元培、戴季陶、王宠惠、冯玉祥、孙科、陈果夫、何应钦、李宗仁、杨树庄、阎锡山、李济深、林森、张学良等为国民政府委员；蒋介石为国民政府主席，谭延闿为行政院院长，胡汉民为立法院院长，王宠惠为司法院院长，戴传贤为考试院院长，蔡元培为监察院院长。

10 月 10 日上午 8 时，国民政府主席蒋介石带领五院院长在南京中央党部宣誓就职。从此，进入了南京政府中的蒋、胡第二次合作的历史时期。

与蒋介石再度合作的胡汉民，主要的工作有两个方面：主持领导制定法律，奠定训政时期的法制基础；拉拢、攻击、批判反对者，帮助蒋介石消灭异己。

胡汉民一直把践行孙中山的建国理论，作为自己的政治追求。所以，他就任国民政府立法院院长后，全力以赴，认真负责地工作。在立法院立法委员的人选标准方面，他提出了较严格的标准：首重其在国民党的历史，要对"党国"效忠，并且过去没有违背党义的言行，而又有相当学识经验者。按照这样的标准，胡汉民提出了王用宾、王世杰、田桐、吴铁成、宋美龄、邵元冲、马寅初等49人立法委员人选，报国民党中央政治会议通过。当时，蒋介石的谋士杨永泰想在立法院谋个职位，被胡汉民坚决拒绝。他办事认真，得罪了国民政府中的一些人，从而在政治上树敌颇多。1928年12月5日，院长胡汉民偕副院长林森，率领立法院全体立法委员宣誓就职。胡汉民在讲话中，提出立法院"目前所亟须研究者，为民法、商法、土地法、经济法、劳工法等；对外为取消领事裁判权，收回治外法权及废除不平等条约之准备；对内使全国人民生命财产及平等自由得充分保障，于民生问题，得适当之解决"。（蒋永敬：《胡汉民先生年谱》，第436页）

胡汉民担任立法院院长时，并不是法律专家，但他早年赴日本学习法政科，对立法理论及立法精神有独到的见解。他非常重视法律工作，认为革命的最终目的是建设，而建设中的一个重要内容就是法律建设，他曾经说过："法律不能变自然所赋予的男或女，却能变人为非人，或变非人为人。"胡汉民所说的"人"，是指有公民权者，"非人"是指被剥夺公民权者。胡汉民立法理论的核心是把三民主义糅合入各法中，认为立法不仅不能离开三民主义，同时在立法时要根据时间度、空间度和事实度这三个条件，才能够制定出有特色的中国之法。他分析了古今中外的立法原则，认为"中国向来的立法是家族的，欧美向来的立法是个人的"，而这些立法原则都是片面的，所要立的法应是社会的，"凡社会公共利害有关的事情，都是法律所及的"。基于这样的认识，胡汉民制定的立法方针是：社会安定为立法第一方针，经济事业之保养发展为第二方针，社会各种现实利益之调节平衡为第三方针。胡汉民满怀信心地认为，根据这一原则方针立法，就能够避免以前立法中所出现的偏颇现象，解决中国的实际问题。

胡汉民就任立法院院长后，制订了六年的立法工作计划，期望以立法奠基国家长治久安。在六年计划中，按照他的设想，要把训政时期的整套民法、刑法等全部制定出来。为了实现这样的规划设想，他要求全体立法委员以革命建设的精神，从事立法工作。到1930年12月5日，立法院成立两周年时，立法院共召开121次院会，这还不算召开的临时会议，完成的重要法典有民法、民事诉讼法、公司法、海商法、保险法、刑法、刑事诉讼法、土地法、自治法、工厂法、工会法、工商法、商会法、劳动法、出版法等。这样的工作量，对仅有49位立法委员的立法院来说，效率是很高的，立法院有的时候一天通过的法律多达二百五十余条，通常一天也在百条左右。

胡汉民严格要求别人的同时，对自己的要求更严格。他一贯工作认真，生活俭朴，在立法院院长任上，为奠定训政的基础，花了不少心血，真可谓是呕心沥血、殚精竭虑了。他常常早上四点半起床，到晚上十点或十一点才睡下。在审议法律条文的日子里，他常常做梦也在修正条文。胡汉民在立法院期间主持制定的法律，奠定了国民党治理下的国民政府法律的基础，有人称之为"一个不流血的绝大社会革命"，"带来中国社会制度的改善"。

第二次北伐成功之后，宣告全国统一，军政时期结束。可是，在北伐期间各集团军都借机大力扩充自己的军队，全国军队的人数高达250万人，军费已占全国财政收入的78%。为了建设，同时也为了军政之统一，必须要进行裁军。军队是军阀及地方势力的命根子，裁军必然遭到他们的强烈反对。在裁军、消灭异己过程中，胡汉民发挥着独特的作用。

胡汉民支持蒋介石召开全国编遣会议。裁军编遣受到各地方势力的抵制，胡汉民发挥其理论专长，做裁军编遣的鼓动工作。他利用自己在西南的威望和影响，力促两广将领支持中央的整军政策，参加即将召开的全国编遣会议。在1928年末不到十天的时间里，胡汉民给李济深发去两封电报，劝李济深要为"党国"效忠，要淡于名利，不要轻信外间的谣传，希望他不仅自己来南京"商定国是"，而且还要劝李宗仁同来。1928年12月21日，胡汉民在中央无线电播音台，向全国发表了题为《整理军队的十大意义》的讲话，呼吁各军事将领要认真对待裁兵问题。胡汉民指出整理军队的诸多益处，在军事上，可使军队精强，有利于维持地方治安，巩固国防；在经济上，可改变财政只是筹措军饷的状况，改善国计民生；在政治上，可根本清除军阀，防止共产党，完成国家真正统一，促成建设。总的概括起来，他在讲话中提出了整理军队的十大意义："要军队好""要地方好""要巩固国防""要整理财政""要发展国民生计""要打倒军阀""要打倒共产党""要打倒帝国主义""要完成真正的统一""要促成建设"。胡汉民还着重强调，反对整理军队的人就是反革命，对整理军队不利的人就是不革命。胡汉民还出席了全国编遣会议，在会上会下，摇动舌鼓，疏通各方。但由于各地方势力的不合作乃至抵制，编遣会议只好不了了之。

编遣会议没有实现蒋介石和胡汉民预期的目标，蒋介石想利用各地方势力之间互不统属的特点，各个击破。他首选的打击目标是桂系。蒋桂矛盾较深，远有逼蒋下野之仇，近有桂系将领对蒋傲慢之恨。桂系势力虽强，但其兵力部署分散，并且可利用胡汉民与两广的渊源关系，瓦解其内部，收到武力未能达到之效。此时恰发生"湘案"，李宗仁掌握的武汉政治分会借口湖南省政府主席鲁涤平把持地方税收、剿匪不力，免去其湖南省政府主席兼十八师师长职务，派亲桂系的何键担任湖南省政府主席。对桂系擅自任免湖南省政府主席之事，蒋介石大为恼火，但此时正值国民党三大召开前夕，不便用兵，只好暂时以广州政治分会主席李济深入南京调停为条件，暂时将"湘案"搁置。但是李济深入京是蒋介石分化桂系、最后消灭桂系的重要步骤。李济深虽非桂系，但由于地缘等关系与桂系关系密切，习惯上将两广视为一体。待李济深到南京后，蒋介石一改对"湘案"温和的态度，称"湘案"是"重大违法之举"，乃于 1929 年 3 月 26 日下令讨伐桂系。胡汉民此时做讨伐桂系舆论上的配合，他先利用其在国民党三全大会主席之位，提议开除李济深、李宗仁的国民党党籍，而后又在中央政府纪念周上批驳以"分治合作"为由反抗中央者，说这次中央讨伐桂系，就党的立场来说，是以革命的势力，消灭反革命的势力；就政府的立场来说，是中央讨伐逞兵作乱的叛将。面对粤、桂即将达成反蒋一致之时，胡汉民再次出面，劝广东省政府主席陈铭枢要站在中央一边加入讨桂战争中。在他的劝说下，广东方面一改原来和桂系约定的出兵反蒋主张，并限桂军 24 小时内撤出粤境。得知粤方出尔反尔，桂军将领黄绍竑大骂他们出卖朋友，粤、桂自此分家。在胡汉民的积极配合下，蒋介石利用瓦解桂系内部的手段，仅用一个月的时间，打败了桂系。

为了配合蒋介石裁军编遣，胡汉民大谈无自由和革命牺牲论。他在立法院的纪念周上抛出了《肃"清党"治下一切腐化分子》的讲话。他说，自由确实是一件很难得到的东西，人既做了一件事，负了一种责任，环境上自然就有许多情形来限制他的自由。他由此得出结论："处于现在的社会上每一种小小的自由，总是由许多事情凑合而成的，绝非个人一动心以后，自由就可以来的。又如有些地方，自以为是享着自由了，而其实略就环境一加思索，简直离自由远甚。""社会制度越改良，也终无大家可以绝对自由之日。"讲到革命，胡汉民说："革命是牺牲自己去利他，凡是我们如果做的利了他，那我们自然就觉得心身交泰了。" 在当时宣扬无自由论和革命牺牲论，就是要求地方实力派抛弃自己的利益主张，牺牲自己的利益自由，服从国民党中央的利益和中央政府的利益，实际上就是听从蒋介石裁兵编遣的摆布。

在蒋介石裁军编遣及对桂系讨伐之后，地方实力派开始联合起来，拥戴阎锡山为"中华民国陆海空军"总司令，冯玉祥、李宗仁为副总司令，刘骥为总参谋长，共同对抗蒋介石。1930 年 5 月，爆发了中国近代史上规模最大的一次地方实力派和中央政府的混战，史称中原大战，或蒋冯阎李战争。这次战争是所有反蒋派最大规模的联合，在其联合过程中，胡汉民批判改组派，称其为"一切腐化的反动势力之大成"，必须"予以严正的制裁"。在蒋介石、阎锡山的电报大战中，胡汉民为蒋介石评功摆好，对阎锡山又打又拉，劝阎锡山守牢自己军人的本分，"军人的责任，在服从中央，以保障国家的安全，求民族的生存"。同时他警告阎锡山，"好为反侧的军阀，断没有存在的可能"。在中原大战军事斗争的同时，反蒋派还召开"中国国民党中央党部扩大会议"，筹建"国民政府"，以与南京的国民党中央及国民政府相对抗。胡汉民在理论上对反蒋派召开所谓的扩大会议进行批判，把它的性质比作袁世凯时期的"筹安会"，对"扩大会议"的主要人物汪精卫、阎锡山、冯玉祥——"画像"定性。

对汪精卫，胡汉民把他分为三个阶段进行评说。第一个阶段是 1924 年国民党改组之前，此时的汪精卫"为人很聪明，做文章也有条理，总理在时，他效忠主义，矢志不懈，不失为本党忠实的同志"。但他有致命的缺点，对事情"没有研究性"，往往随声附和，拿不出固定的主张，自信力太差，对自己的认识不清楚，"所以一离开总理和同志，便寸步难行"。第二个阶段是 1924 年以后的汪精卫，此时他以极"左"的面貌出现，高喊"党权高于一切""'反共'就是反革命"的口号，"左得要与共产党通家"。特别是孙中山逝世后，他"为领袖欲所中——为共产党所惑，与共产党大有‘唯一倾心，相结恨晚’之慨！”第三个阶段是武汉分共后直到现在筹备扩大会议，此时的汪精卫从极左走向极右，“右到与西山会议派合作为阎冯筹安”，与以前相比，汪精卫“真令人有判若天渊之感”。他愈趋愈歧，甚至把革命事业牵扯到私人的名望上。由此看出汪精卫是个善于多变的野心家，更是孙中山总理的叛徒。

对阎锡山，胡汉民把他描绘为：“貌似谨愿，心实阴险”，“是一把两面刀，动机是想反正都讨便宜，结果是反正都遭失败”。说阎锡山以“礼让为国”“联合三届执监”为名，遭到一番批驳之后，便露出了庐山真面目，想“西山会议派可以变作山西派，两点水的冯玉祥和三点水的汪精卫，可归到山西的汾水去”。如此，阎锡山便“既有供他在前线牺牲的人，又有帮他办理所谓党务，以造成叛变的理论的人，于是志得意满决心作孤注一掷了”。

对冯玉祥，胡汉民认为，他是“最作伪，最阴险的军阀”，经常三反四复。他利用军人们头脑简单的特点，经常施以小恩小惠，大加笼络，以作为自己的工具。胡汉民借用王正廷的话，说冯玉祥有三不可，一不可做他的上官，做他的上官，他必反你；二不可与他共事，与他共事，他必定害你；三不可做他的部下，做他的部下，他必定以奴役视你。按此说法，谁还敢与冯玉祥接触呢？

对汪、阎、冯三人的画像，其目的只有一个，攻击丑化他们，孤立他们，达到无人敢与他们合作的目的。胡汉民、蒋介石二人“文攻武卫”，瓦解了最大规模的反蒋战线，最终在中原大战中，取得了胜利。

在蒋、胡再度合作期间，对地方势力的征战中，胡汉民始终站在蒋介石一边，为了二人合作的中央政府，甚至不惜拆散粤桂的联合。有人概括胡汉民在蒋介石对地方实力派斗争中的作用，写了一副对联，十分贴切：“在于征桂，则功超言论之外；对待阎冯，则功居后防之先。”

蒋、胡第二次合作期间，胡汉民除了担任国民政府立法院院长和国民政府委员外，还担任国民党中央执行委员会常务委员、国民党中央政治会议委员、国民政府外交委员会委员、国民党中央执行委员会民众训练委员会常务委员、国民党中央财务委员会委员、国民党党史编纂委员会常务委员、国立中山大学董事、北平民国学院董事等。各种兼职，多得令胡汉民感到痛苦，他又是个办事态度认真的人，"遇事不敷衍"，因此参加各种活动应接不暇。

在生活上，胡汉民对自己要求也很严格，一直保持着俭约朴素的作风。他的居室不大，衣食不奢，每天八九个鸡蛋、若干青菜咸鱼，便够一天的食用了。胡汉民生活简朴，与当时南京政府内绝大多数官员们广置房产、声色犬马、工作敷衍相比，犹如鹤立鸡群，"出乎其类，拔乎其萃"。当时，每逢周末，南京政府中的官员们便驱车赴沪，逍遥去了。而胡汉民在两年六个月的南京政府任职中，从没有到上海玩乐过。他所信奉的格言是："人的历史，自己创造，自己毁坏。一个人有好的历史，自己不毁坏，没有人可以代替毁坏；自己破坏了，没有人可以代替补好。"多年来，胡汉民实践着自己创造的这一格言。邹韬奋在《生活》月刊上撰写评论，对胡汉民的作风有过一番称颂，说他有风骨，同满口大言实际却一团乌糟的大官不同。他在上海租界"无丝毫产业之购置"，"任职新都之后，从未踏到上海租界一步"。

第八章

蒋、胡斗"法"

约法之争矛盾初显，汤山被囚关系破裂

反蒋派大联合，迫蒋二次下野

宁、粤、沪相争，"超然"成在野之人

一、约法之争矛盾初显，汤山被囚关系破裂

胡汉民和蒋介石再度合作，按照胡汉民所写的《革命过程中的几件史实》一文中的说法，主要从以下两个方面考虑：第一，为了实现孙中山先生的建国方略。他认为，孙中山领导中国革命至今已经四十多年了，一直都没有完成统一中国的大业。这次蒋介石率军北伐之后统一了，十分不容易。要继承孙中山的遗志就要按照他的建国方略，一步一步去实现，一个新的革命阶段已经开始，统一需要建设，实行建设，需要一个健全的中枢，需要有人辅助，方能使革命继续前进。第二，为了国民党的团结统一。他认为，自从 1927 年国共之争以来，无论是对于国民党还是对于国家来说，都受到了很大的损失。全国统一，大局方定，国民党再不能起纷争了，要维持一个统一的局面，设法推进今后的建设。如若不然，国民党将益发失望，革命的前途，也益发危险。所以胡汉民说："我是一个数十年的中国国民党党员，久经患难，在掺和着血泪的党的奋斗历史的回忆中，我想不出已统一的垂成之局，该重行分裂的理由，人之好善，谁不如我？此时自己的同志不肯帮助，结果南京必须找军阀官僚的余孽来帮忙。这不是愈趋愈歧？数万革命将士的肝脑涂地，与数十万革命同志的奋斗牺牲，所为何来？我在极苦闷的状态中，一再考虑，并决定了主张和办法，才毅然入京。"

胡汉民的自述只是说出了他入京和蒋介石合作原因的一个方面，作为国民党的元老、孙中山的忠实信徒，且有着几十年革命奋斗历程的人来说，以上的原因说得合乎情理。但更重要的原因是，胡汉民想做中国的伊斯墨。胡汉民在国外考察土耳其时，非常欣赏基马尔革命之后的土耳其政治格局。土耳其革命的领袖基马尔在完成革命、功成名就之后，长期"养病"不出，一切政治问题都由其内阁总理伊斯墨代行处理决断。这种政治格局与胡汉

民所提倡的"党治"主张吻合，他称赞土耳其革命后的政治"达到完善的境地"。胡汉民回国后，大谈土耳其革命，称赞基马尔。他希望蒋介石北伐全国统一之后，效仿基马尔，也功成身退，把治理国家的大权交给自己，自己当中国的伊斯墨。作为文人政治家的胡汉民，想得有些简单天真，从中国古代的武人打天下、文人治天下到土耳其的伊斯墨，觉得军政时期结束，军人的使命已经完成，治理国家实施训政需要自己这样的文人，可以大展身手了。

胡汉民幻想尽快实现全国的统一，以便早一天当上中国的伊斯墨，因此在蒋介石消灭异己的军事征战中，他全力支持蒋介石。但是蒋介石不做中国的基马尔，胡汉民便做不成中国的伊斯墨。这一点很多人都已经认识到了，在胡汉民1928年8月回国后，他的老朋友邓泽如就劝他不要去和蒋介石合作，但他不听，老朋友便送他一个内装小黄雀的竹鸟笼，意为胡汉民入京后的下场与竹笼中的黄雀命运相同，不幸竟被言中。

在蒋、胡约法之争爆发前，二人就时常在一些具体问题上发生冲突。

胡汉民是中国传统型的知识分子，自负有正义感，言语尖刻，固执己见，气量狭小，不善圆滑变通，曾自比为烈性的"姜桂"。政治上需要"甘草"，要圆滑而通达，要纵横捭阖，要工于心计，要八面玲珑。胡汉民却强调用国民党所谓的"大义"去说服人，而蒋介石往往用权位诱惑人。

1929年3月，蒋、桂战争爆发，为了争取冯玉祥的支持，孤立桂系，蒋介石给了冯玉祥几个部长委员的席位，胡汉民当时就表示反对。后来蒋、冯矛盾爆发，为了拉拢阎锡山，蒋介石想用同样的办法，任命阎锡山为国民政府陆海空军副司令，并给了阎手下院长、部长的职位。在公布之前，国民政府主席谭延闿向胡汉民透露了蒋介石的想法，并叹气道："从前给冯焕章的，现在又可以给阎百川，这种做法，怕不对吧！"胡汉民马上接着说："何止不对，而且不该。"当蒋介石为此事征求胡汉民意见时，胡汉民极力反对，详陈利害。蒋介石只是出于尊重，走走过场而已，但胡汉民却认真起来，这本不是立法院的事，而是行政院的分内事。所以，胡汉民即使极力反对，也是无济于事的，徒增蒋介石对他的反感。

后来，中原大战爆发时，阎锡山与南京政府作对，蒋介石又把国民政府海陆空副司令的职衔给了张学良。1930年冬，张学良来到南京，蒋介石怕胡汉民再公开反对以造成难堪，便约了戴季陶、吴稚晖一同去胡汉民处疏通，胡汉民还是固执地、不识时务地反对，并说了冠冕堂皇的理由，"在一个政府的立场，不应该用这种拉拢凑合的卑鄙手段，我们不能自己做郑庄公，把人家当公叔段。在过去，把这种手段施之于阎、冯，我已经反对，现在施之于汉卿，我也当然反对。我以为合作并不在分配官职，国家的名器也不应该这么滥给人，而且既然是一个中央政府，在'中央'的意义之下，对于国内的任何个人都谈不到什么'合作'"。这番话，等于公开批评蒋介石。蒋介石回击道："胡先生向来看功名权力之事，不是很平淡的吗？何以对于几个国府委员和部长之类，竟这么隆重起来？"胡汉民立即反驳，认为看淡功名权力，是个人的立场；对国府委员和部长之类看得隆重，是从国家的立场看国家名器的。"我不是无政府主义的标榜者，因此，看重国家，看重政府，不肯随个人好恶，把名器滥给人。尤其不能把国家名器做拉拢私人的手段。我最痛恨的，是自己标榜无政府主义，而实际则热衷利禄，无所不至，标榜无政府，却滥窃政府名器，这类人，其心犹可诛。"（《胡汉民自转续篇》，《近代史资料》1983年第2期）尖刻的言语，咄咄逼人，搞得蒋介石很下不来台，气的蒋介石要辞职。

另外，胡汉民对蒋介石插手党务公开表示了不满。有一次，国民党中央党部开会，已经通过了一项议案，陈立夫却说，还得问问蒋介石的意思。胡汉民听了，非常反感，起身拂袖而去。过后，胡汉民向陈立夫抱怨："其实什么机关都可以不要，只存一个陆海空军总司令部便可以了。既简洁，又经济，这样一实行，对于减少目前的财政恐慌，大概也不无小补！"他认为，党有中央党部，国有国民政府，军有海陆空军总司令部，应该各司其职，反对军事领袖干涉过多。

在某些外交问题上，蒋、胡二人也有分歧。1929年，蒋介石不经立法院通过就指使人与日本签订了《关税协定》。胡汉民知晓后，以立法院的名义提出质询，认为签订法律，不经立法院的认可，就是违法。并且这个协定出卖了中国的利益，与中国关税自主的政策是相矛盾的，按照法律应对签约者进行查办。该协定是按照蒋介石的意图签订的，对签约者进行查办，等于查办蒋介石，这一点，胡汉民不会不知道。所以在前线的蒋介石看到立法院的质询后，立即给胡汉民发电报，不满地问胡汉民，军情这样紧张，"胡先生这样干，是不是想推翻政府？"胡汉民据理反驳："提出质问，是立法院职责所在，我职责范围内，我不能不问，不能因为提出质询，就说想推翻政府。"

胡汉民这样较真、直率的态度，经常给蒋介石难堪。这样的事情多了，日积月累，势必要酿成一个大的矛盾爆发出来。

约法之争就是蒋介石和胡汉民之间矛盾分歧的最集中体现。

在中原大战蒋介石胜局已定后，他于1930年10月3日，从前线给南京发回两封电报。一封给南京国民政府，主张有条件地进行"大赦"，以造成一种统一安定的和平之象。另一封给国民党中央执行委员会，其中云："中正以为日前第一要务，为提前召集第四次全国代表大会，确定召集国民会议之议案，颁布宪法之日期，及制定在宪法颁布前训政时期适用之约法。"

10月3日的电报韵母为"江"，因此蒋介石发来的电报又称"江电"，"江电"成为蒋、胡约法之争的导火索。

制定约法是汪精卫在北平扩大会议上打着孙中山建国学说的旗号提出

来的，迎合了人们反对专制独裁的心理。蒋介石想在政治上争取主动，所以在军事上即将胜利、武力统一全国任务即将完成前夕提出来。但当时在南京主持国民党中央执行委员会的胡汉民接到"江电"后，不以为然，告诉国民党中央通讯社长萧同兹不要把"江电"原文向外发表，要等到国民党中央常委会讨论决定后才能公开。实际上，是胡汉民不同意"江电"的主张。在"江电"发出三天之后的10月6日，胡汉民在立法院纪念周上发表了"国家统一与国民会议之召集"的演讲。

在演讲中，胡汉民以汪精卫主张召开国民会议、制定约法为靶子，进行了批驳。指出，孙中山提出召开国民会议，其目的是"要将对内对外的方针征求全国国民的公意"，但由于条件一直不具备没有开成。胡汉民认为，召开国民会议的先决条件是，"须各地方脱离了军阀的淫威和压迫，社会已暂趋安静，然后各地人民团体才能安全地推派代表，组织国民会议，使国民得尽量发挥自己的意见，供政府采择，而为人民谋切身的利益"。在新旧军阀兴兵作乱的情况下，胡汉民认为，召开国民会议的时机并不成熟，现在召开国民会议，那是"痴人说梦"，"来开国民的玩笑"。至于汪精卫等人提出的制定约法，胡汉民认为，"更是胡闹，因为总理临终的遗嘱，明白要我们大家'务须依照予所著建国方略建国大纲三民主义及第一次全国代表大会宣言'。我们在第三次全国代表大会中已决议将总理所著的这种主要遗教定为效力等于约法的根本大法，如果于此之外再要有所谓约法，那岂不是要把总理的遗教，一齐搁开，另寻一个所谓的约法出来吗？"（蒋永敬：《胡汉民先生年谱》，第491页）言之据理，掷地有声。

胡汉民的讲话虽然是针对汪精卫等人的，但"江电"发来已三天，蒋介石也提出了召开国民会议、制定约法，胡的态度仍然非常坚决明确，反对召开国民会议、制定约法，无论是谁提出来的主张和建议，一概反对。这也成为约法之争中胡汉民无论如何也不肯改变的观点。然而，蒋介石不等南京国民党中央通过，就把"江电"交给上海各报刊发表。一向认真的胡汉民对蒋介石目无中央的做法更为恼火，在1930年11月12日国民党三届四中全会上，二人的矛盾冲突再次爆发。

国民党三届四中全会主要讨论召开国民会议和制定约法问题，但在胡汉民所致的《四中全会的几个重要任务》开幕词中，对国民会议和约法一事只字不提，只是说本次会议的任务是"严正检查过去，策励将来"，并且对蒋介石插手党务、兼职过多进行了旁敲侧击。胡汉民举了个例子，说有一位很高明的飞行员，恃驾驶飞机技术精湛娴熟，便去开他根本不熟悉的汽车，结果，撞死了许多人。他用此例联系国民党的实际状况，说道："若干负党务政治责任的人，一定有很多犯了以飞行家开汽车的毛病。"这种毛病具体表现为："军事刚刚结束，一切党务、政治人员精神上也一时不易回转到和平与建设上来，仍旧是用他们在前方处理战事的办法来执行事务。"对兼职过多，胡汉民指出："兼职的结果，一定注重了空间，忽视了时间，换言之，要做的事太多，而所谓的时间不多"，"这在党政前途，是何等的危机！"胡汉民的讲话，再明白不过了，针对的就是蒋介石。

蒋介石没有直接和胡汉民争执，而是指使人向会议提出了《请速召开国民会议制定约法案》。在这份万余言的提案中，除了强调要召开国民会议制定约法外，提出了五点理由。第一，召开国民会议制定约法，均属总理遗教，虽然被倡乱者所利用，但政府仍要遵守。第二，为了使国民党与人民关系日臻密切计，除召开国民会议外，别无他途。第三，国民会议与孙中山建国大纲上的国民大会根本不同，国民会议的目的是让人民认同党的主义政纲，增进党与国民的团结。第四，训政时期应有约法一说虽不见于总理遗教，但此前总理有过这种主张。第五，三全大会虽然确定了孙中山的遗著为训政时期最高之根本法，但为了实行，必须明确，才易于共习共守，因此需要制定约法。胡汉民认为这个提案不必讨论，为此与李石曾、吴稚晖等人进行了激烈的争论，结果双方各自退让一步，同意在 1931 年 5 月 5 日召开国民会议，至于制定约法一事，只得缓议。

国民党三届四中全会，使胡汉民与蒋介石的矛盾更加表面化了。此后，胡汉民更加公开唱起了与蒋介石的对台戏。

1931 年元旦，胡汉民和蒋介石分别发表献词，但各唱各的调。胡汉民称今后唯一的任务是协助人民筹备地方自治，蒋介石强调新一年最重要的两件事，一是敬教，二是劝农。二人主张相差甚远。

1 月 5 日，胡汉民在立法院纪念周上发表题为《遵依总理遗教开国民会议》的演讲。指出，关于国民会议的一切，无论是会议前的召集，还是会议中的讨论，必须完全遵循总理遗教。也就是说，孙中山主张国民会议是以全国已有职业团体的代表组织的，根本不同于国民大会，因此就是说国民会议无权制定约法。同一天，蒋介石在国民政府纪念周上，报告了本年度最重要的两件工作：召开国民会议，废除不平等条约。

1 月 11 日，胡汉民在召集国民会议方案起草委员会开会时强调，国民会议的目的是"谋中国之统一与建设"，"对内解决民生问题，对外打倒列强政治经济的侵略"，"博采国民对今后政治的意见"。没有谈及制定约法一事。

胡汉民是国民党内元老，对孙中山遗著的精通程度，无人能比。眼看召开国民会议的期限越来越近，蒋介石想做最后的努力，争取胡汉民的支持。2 月 24 日，蒋介石约胡汉民、戴季陶、吴稚晖、张群等人谈约法问题，约谈的这些人里只有胡汉民一个人反对约法，其意图很明显，是想让张群等人做通胡汉民的工作。结果不但没有做通，反而让胡汉民滔滔不绝地讲了一通约法与宪法，说得张群等人哑口无声，蒋介石只好说，"我们只有照胡先生的话去做"。第二天，胡汉民发表对记者谈话，强调国民会议不需制定约法的观点。这样，蒋介石争取胡汉民的最后努力失败了。

蒋介石或放弃国民会议制定约法的主张，这样他政治上争取主动的计划就会失败；或坚持制定约法的主张，但必须过了胡汉民这一关。但几次争取胡汉民支持妥协的努力都没有成功，文的不行，只好来武的，搬掉胡汉民。另外，据陈果夫、陈立夫掌握的情况，国民会议的选举多数人将倾向于胡汉民。不得已，蒋介石只好采取扣押胡汉民的做法。

2 月 26 日，蒋介石向胡汉民发出请柬，邀请他于 28 日晚到总司令部参加晚宴。28 日是立法院例会的日子，胡汉民忙了一天的工作，到了晚上 8 点钟，才驱车前往总司令部赴宴。胡汉民并没有料到，这是一场鸿门宴。

到了总司令部，迎接胡汉民的不是满桌的佳肴，而是一封蒋介石历数他罪状的信。信中先说蒋介石如何崇拜胡汉民，说除了孙中山之外，胡汉民是第一个为蒋介石所尊重崇拜的人。接着便说胡汉民近来反对政府，反对蒋介石，无论在党务政治方面都处处与蒋介石为难，并同时罗列了胡汉民的几大罪状，如勾结许崇智，运动军队，包庇陈群、温建刚，反对约法，破坏行政等。最后说，"先生每以史丹林自命，我不敢自称为托罗斯基，中正欲努力革命，必须竭我能力，断不敢放弃自身责任也"。

看罢信，胡汉民觉得又气又好笑，嚷道："找介石来，我有话说。"邵元冲进来劝胡汉民先吃饭，但胡汉民坚持要见蒋介石，邵元冲无奈，只好说出蒋介石的意思："蒋先生想让胡先生辞立法院院长。"胡汉民一听更是气愤，"何止辞立法院院长，我什么都可以不干，组庵未死时，我已经说过辞职了，但必须找介石来。这样便可以了事了吗？"在胡汉民的一再坚持下，深夜 12 时，看挨不过去了，蒋介石才来见胡汉民。

胡汉民劈头便问蒋介石："你近来有病吗？"蒋介石不知何意，答道："没有病。""那很好，我以为你发了神经病了。"接着，胡汉民便滔滔不绝，一一驳斥信中列举的"罪名"，蒋介石偶有插嘴，但得到的是胡汉民更强烈的回击，两个多小时的连珠炮似的驳斥、反问、回击，说得胡汉民越来越气，赌气说："去年组庵在世时，我已经说过'不干'了。从今天起，我什么都可以不问。"

蒋介石摆下鸿门宴，要的就是这个结果，逼迫胡汉民辞职，不让他再发表反对国民会议制定约法的言论。听到胡汉民自己说出辞职，蒋介石立即接着说："胡先生能辞职，很好。但不能不问事，我除总理外，最尊敬的便是胡先生，今后遇事，还要向胡先生请教。今晚胡先生火气太盛，我又不会说话，讲什么事，向来辩不过胡先生。"结局已定，胡汉民文人的特性又显露出来，指着蒋介石说："你不对，只有我教训你。除我以外，怕没人再能教训你了。你不当以为我不敢教训你，如果我畏死，也不至今日才畏死，早就不出来革命了。我现在已经五十余岁，妻子老了，也能自立，女儿大了，也已出嫁。我更脱然无累。除党国以外，更有什么值得我置念的？"（《胡汉民自转续篇》，《近代史资料》1983 年第 2 期）

胡汉民不服输，但结局已定，蒋介石达到目的后，不再理会胡汉民说什么，只道了声"休息"便离去。胡汉民唇焦口燥，精神上亦受到打击，整夜没有睡。第二天（3 月 1 日）一早，写了辞职书和一封给蒋介石的信。辞职书内容简单，"因身体衰弱，所有党部政府职务，概行辞去"。给蒋介石的信中，他对自己的言行进行了表白，"我生平昭然揭日月而行，你必有明白的时候"。表示自己以后"度我诗人之生活也"。信末还附有："居留此间，室小人杂，诸多不便，能往汤山亦好。"

3 月 1 日上午 9 时多，首都警察厅厅长吴思豫和邵元冲率十几个警卫将胡汉民转送至汤山，软禁在汤山街 165 号总司令部的俱乐部内。3 月 8 日，因身体原因，经蒋介石同意搬至南京鼓楼附近的双龙巷寓所，但被限制活动范围。

胡汉民因约法之争遭软禁一事，史称"汤山事件"。

二、反蒋派大联合，迫蒋二次下野

1931 年 3 月 1 日，胡汉民辞职的消息在各大报刊登出，所登载的辞职原因是：2 月 28 日会议上与蒋介石政见不一，争论之下，愤而辞职。

3 月 1 日，蒋介石又派出戴季陶、吴稚晖二人来试探胡汉民是否已经屈服。戴季陶让胡汉民学佛，吴稚晖劝胡汉民凡事看开些，挂名当差得过且过。胡汉民怒斥他们"无耻"，表示革命党人要有气节，不能任凭党和政治一天一天糟下去、腐败下去，表明了被软禁仍然不屈服的决心。

蒋介石得知后，便开始了对胡汉民的批判。

1931 年 3 月 2 日，在国民政府的纪念周上，蒋介石讲话中指责胡汉民犯有四大错误：第一，曲解总理遗教，并一贯不听孙中山的话。第二，想以立法院之名总揽大权，"以启任意毁法造法之端"。第三，反对制定约法，"将引起以后有约法无约法之纠纷，重贻党国无穷之祸患"。第四，"越位失言，淆惑人心"。

同一天，在国民党中常会的临时会议上，以胡汉民反对在国民会议上制定约法为由，决议免去他的国民政府委员、立法院院长等本兼各职，选任原立法院副院长林森为立法院院长，邵元冲为国民政府委员兼立法院副院长。会议上还通过了吴稚晖、蔡元培、丁惟汾、戴季陶等人提出的召开国民会议制定约法案，并推举吴稚晖、于右任、李石曾、丁惟汾、王宠惠等 11 人为约法起草委员。

蒋介石以为把胡汉民软禁起来，不让他再来发表反对国民会议制定约法的言论，组成约法起草委员会，召开国民会议并制定约法，就可以实现自己政治上的主张。但他万万没有料到，胡汉民被软禁，引起了巨大反响，"举国哗然"，甚至国际上对此事也很关注。邹韬奋当时评论汤山事件时

被软禁在南京郊外汤山的胡汉民

说，"社会人士多数对胡去职表示惋惜"，"社会上对此事之注意，与事实真相之猜度纷纭，可谓近今所仅见"。蒋介石的秘书陈布雷也承认，"此事几引起政潮，党外人士尤为讥刺口实"。

首先，胡汉民被软禁引起了国民政府中一些中央大员们的强烈反响。胡汉民的亲信、国民党中央监委、南京国民政府文官长古应芬率先不辞而别，南下广州。3月7日，古应芬在广州声称辞去南京国民政府文官长一职，以示对蒋介石扣囚胡汉民的抗议。随后，广东籍的国民党中央委员纷纷效法古应芬南下，就连被蒋介石任命接替胡汉民担任立法院院长的林森也来到了广州。孙科称病离开南京后，给蒋介石发电报，要求释放胡汉民，"展公两年来夙夜匪懈，勷力党国，辅公以完成总理未竟之业，凡在同志咸同闻见，时有所见互异，展公抗爽直陈，或多逆耳，亦缘爱党爱公而出"。而一些没有离开南京的国民党大员也采取不同的方式抗议，监察院长于右任"郁郁称病"，司法部部长王宠惠直接说蒋介石"目无国法，目无党纪"。

其次，激起了两广的地方军政要员们的愤慨。一年之前李济深曾遭到蒋介石的扣留，一年后广东籍的国民党领袖胡汉民受到同样的待遇，两广的军政要员愤愤不平。虽然蒋介石在汤山事件后，向广州发来一则电文进行解释，"胡先生以政见不合，欲辞本兼各职，并欲择地静居，谢见宾客，故于本日往汤山暂住。乃闻谣传扣留，殊觉失实"。这样的解释根本无法平息两广军政要人的疑虑和愤慨，遂广纳反蒋人士。桂系首领李宗仁认为，汤山事件的发生，证明了蒋介石的独裁，暴露了蒋介石目无纲纪，"胡氏在党中允为元老，地位高于蒋氏，在政府中，胡氏也位居立法院院长。蒋先生竟因一言不合，即加以幽禁，则蒋氏对付他人的手段为如何，便可想见了"。正因两广人士对汤山事件中蒋介石独断行为的不满和愤懑，两广后来成为反蒋派的大本营。

此外，海外的国民党党部和各地华侨团体也纷纷打电报给南京国民政府，询问汤山事件的真相，并表示了极大的关注和忧虑。英、美等国的舆论也指责蒋介石，说他独断妄为。

蒋介石对各方的关注和询问，虚为应付。先到立法院，宴请全体委员，解释胡汉民"辞职"一事，称约法问题为本党与中国生死存亡之最大关键，胡汉民由于主张国民会议不应议及约法，引起了中央各同志的不满，自己对胡汉民的其他主张都可迁就，唯独这件事决不迁就，并说胡汉民的辞职是一个政治家应有的态度，希望全体立法委员对此事要"谅解"。1931年3月9日，蒋介石在国民政府纪念周上再次谈到此事，说胡汉民因政见不合而引退辞职，是一件极普通的事，并强调，"党员个人的行动，谁也不能自由"。因胡汉民"病源"由来已久，非短时所能痊愈，胡汉民"因避嫌止谤，打算此后常住南京，不赴别处"。这表明了蒋介石想长期限制胡汉民的自由。实际上，蒋介石惧怕胡汉民的言论文章，由于胡汉民为文演讲句句以总理遗著为据，既有理论性，又有很强的鼓动性。

但是，正像胡汉民没有料到蒋介石会扣押自己而毫无准备去赴鸿门宴一样，蒋介石也没有料到扣囚胡汉民会引起这样大的政治风波，最终致使自己第二次下野。

胡汉民被软禁后，身体状况越来越差，血压升高，心跳加速，颈项疼痛，再加上精神上受到打击，每天仅能睡一两个小时。蒋介石派卫生署署长刘瑞恒为胡汉民诊治保健，因恐遭不测，胡汉民坚决拒绝，要求自己的熟人铁道部主任医官邓真德来护理治疗。

邓真德也是广东人，与孙科的关系密切，和胡汉民的私交也很深。在孙科的帮助下，蒋介石勉强同意邓真德来给胡汉民护理治病。由于胡汉民遭软禁后，行动受限，见到的人也是有限的，除了女儿胡木兰及帮他料理家务的立法院秘书李晓生、王养冲外，只有与政界无关的诗友冒广生、易大厂二人，连政界的显要人物如孙科、王宠惠、孔祥熙等人也被挡在外面，无法见到。邓真德的到来，为胡汉民与外界沟通联系提供了条件。孙科曾让邓真德传话，询问胡汉民下一步的策略。胡汉民便让邓真德告诉孙科和王宠惠，一定要利用两广地方实力为后盾，形成反蒋局面，这样才能够使自己脱身。并一再叮嘱孙科、王宠惠二人，只要反对蒋介石的势力，不管什么派别都可拉来合作，即使汪精卫一派也不能错过。

孙科得到胡汉民的指示后，派人四处联络。中原大战之后，国内的反蒋派虽受到沉重的打击，但对蒋的怨恨及反对之心仍在，且都在等待时机。经孙科派人联络，在反蒋的号召下，纷纷聚拢。汪精卫同意去广州反蒋，为了表示自己的反蒋态度，立即发表《为胡汉民被囚》重要宣言，斥责蒋介石，"一面摆酒请客，一面拔枪捉人，以国民政府主席，而出于强盗绑票之行径，较之青锋剑中之狗官，有过之而无不及"。桂系在广东方面主动示好的情况下，同意联合反蒋。这样，粤、桂、汪为了反蒋站到了一起。

暗中联络准备就绪后，古应芬起草了《弹劾蒋中正提案》，以国民党中央四位监委古应芬、林森、邓泽如、萧佛成的名义，于1931年4月30日通电全国。在通电中，列举了蒋介石三大罪名：一是起用政学系杨永泰之流，杨永泰虽曾是革命党人，但后来他曾反对过孙中山；二是陷害许崇智及其他革命同志；三是扣押胡汉民。通电最后指出："蒋氏之罪，至今已暴露无余，同志等夙昔之休容，冀其幡然悔悟，勠力国事者，至今亦成绝望。循此以往，则总理艰难缔造之事业，人民为革命无数之牺牲，以及我武装同志积年之奋斗，其结果只造成个人之地位……天下痛心之事，孰有甚于此者！"通电号召"爱护党国诸同志，急起图之"。

四监委通电发出后，得到了反蒋派人士的响应。1931年5月1日，汪精卫发表"东"电，主张召开临时全国会议，以解决一切问题。同一天，古应芬致电吴铁成，让他转告蒋介石，扣押胡汉民事件"凡党人悉愤慨"，劝告蒋介石以民命为重，只有释放胡汉民，"南方即可安定"。

5月3日，两广将领陈济棠、李宗仁、白崇禧、张发奎等数十人联名发表通电，拥护四监委弹劾案，誓为他们的军事后盾，要求立即释放胡汉民，限蒋介石48小时内下野，并声言"不达目的誓不罢休"，同时宣布欢迎国民党执、监委员来粤协商团结反蒋大计。

5月5日，孙科在上海致电蒋介石，谓邓泽如等四监委之联名通电，"诚不无过当，然动机完全为展公抱不平而起"，如果立即释放胡汉民，"恢复展公之完全自由，则此后各事自易解决"。

此时蒋介石正在准备召开国民会议，制定约法，对各地因扣押胡汉民引起的强烈反应没有充分地重视。虽然蒋介石在国民会议召开的前一天，到胡汉民被软禁的寓所请他出席国民会议，遭到拒绝，但是国民会议还是在1931年5月5日如期召开。国民会议上，通过了《中华民国训政时期约法》，规定了国民党中央对全国的绝对统治权，从而确定了国民党一党专制的体制；规定了国民政府总揽中华民国之治权，国民政府统率海陆空军，国民政府行使行政、立法、司法、考试、监察五权，选举、罢免、创制、复决四种政权的行使也由政府训导。在国民会议召开期间，蒋介石以会议的名义向反蒋的广东方面进行反击。5月14日，国民会议向广东的陈济棠发出警告，第二天国民会议通过了《昭告全国拥护和平统一电》，声称，自此以后，凡个人或团体，无论消极或积极谋破坏和平统一者，"即为违背国家根本大法之民贼。国民政府苟不幸而见此种事态之发生，当行使全体国民所授予之权力，用最迅捷妥善之方法，执严厉之制裁，以保障国家之利益"。同一天，蒋介石在国民会议上大骂陈济棠是陈炯明第二，并警告反对中央者，"懔悬崖之危，勿贻噬脐之悔"。

广东方面的军政要人当然不会理会蒋介石的文电攻讦，依然接纳各方反蒋人士。5月24日，孙科、陈友仁、许崇智、汪精卫、白崇禧、张发奎一行六人来到广州，与聚集在广州的各方反蒋人士共谋反蒋大计，协商后决定，效法孙中山1917年南下广东召开非常会议护法的做法，发起国民党中央执监委员非常会议，作为这次反蒋联盟的最高组织形式。凡属国民党第一、第二、第三届中央执监委员，只要反对蒋介石者，一律为非常会议当然委员。同时决定，由非常会议产生广州国民政府，与南京国民政府相抗衡。

1931年5月27日，广州召开了反蒋派的中央执监委员组成的非常会议，会议通过了由汪精卫起草的《中央执监委员非常会议宣言》，阐明非常会议的目的是推翻蒋介石的独裁统治，完成国民革命。会议选举邓泽如、邹鲁、汪精卫、孙科、李文范为非常会议常务委员。会议决定以非常会议的名义发起召开国民党第四次全国代表大会，同时公布了广州国民政府组织大纲及组成人员，广州国民政府不设主席，由唐绍仪、汪精卫、古应芬、孙科、许崇智五位国民政府常务委员轮流担任。

5月28日，由唐绍仪领衔，发表广州国民政府成立宣言，宣告广州国民政府正式成立。宣言中还指出：因为蒋介石犯有非法扣押胡汉民、违法召开国民会议、任用陈果夫陈立夫等人把持党政等罪行，限令蒋介石48小时之内下野。

5月30日，广州国民政府委员联名通电就职。

除成立国民政府外，广州方面还做了军事上进攻蒋介石的部署和准备，成立了军事委员会。

宁粤之争自此开始。

面对着广东方面的压力，蒋介石对胡汉民也不敢做得太过分，偶尔做一些改善关系的姿态。如6月8日，蒋介石公开表示，胡汉民可以自由地离开南京，"大江东南，山明水秀，处处可由胡自择"。并在国民党三届五中全会上，选举胡汉民为国民党中央政治会议委员和国民政府委员。7月13日，胡汉民经孔祥熙一再劝说，搬往香铺营孔寓暂住，相比以前稍多一点自由。

正当宁粤双方闹得不可开交之时，日本帝国主义发动了侵略中国的"九一八"事变，事变震惊了国内的人民及各党各派，在民族危亡的紧迫形势下，宁粤双方谁也不敢冒天下之大不韪，都唱起了和平解决争端的论调，这也为改善胡汉民的处境提供了新的契机。

9月21日，事变爆发后的第三天，蒋介石从江西的"剿共"前线返回南京，召开会议讨论时局及应对之策，决定"敦促胡汉民即日视事"。同时致电广东方面，言当今最重要的是"剿共、救灾、御外"，双方应化干戈为玉帛，并决定派陈铭枢、张继、蔡元培三人赴粤，商议合作一事。

广东方面在外敌当前之际，也不甘示弱，发表通电主张谋国内之和平，同时致电张继等人邀其到粤会商。9月21日，广东方面提出解决时局的三个办法：蒋中正下野，取消广州国民政府，由统一会议产生统一政府。蒋介石马上回应，提出解决问题的三个原则：第一，如果粤方中委能负全责，则南京中央同志尽可以退让一切，请在粤同志整个地迁来首都，改组政府；第二，如粤方中委不能负责，则应归南京中央主持，粤府自当取消；第三，如各方要合作，欢迎来京合作，以同舟共济。

尚在软禁中的胡汉民，对"九一八"事变极为关注。事变的第二天，他找来各种报纸，仔细研究事变的经过，探寻解决的途径。9月21日，戴季陶、吴稚晖、邵元冲等奉蒋介石之命，来到胡汉民软禁之处询问对事变的处理意见。胡汉民当即提出四条处置意见：由中央政府马上派若干有胆识的人员，到沈阳收复领土，维持地方治安；正式同日本办交涉；召开驻中国各国领事会议；撤换、惩办丧权失职的外交部长王正廷及东北边防司令张学良。第二天，戴季陶又访胡汉民，劝其重新任职。

劝胡汉民复职，是蒋介石的一个计谋。他想利用国难当头为幌子，趁机拉拢胡汉民、汪精卫，以摆脱目前的困境。因此他通过各种途径，千方百计拉胡汉民出山。除了派国民党大员不断敦促外，还利用记者采访、各方代表的名义去敦请胡汉民。但胡汉民不为所动，一概拒绝，声称虽然国难当头当贡献自己的力量，但借口身体原因，"惟健康既未恢复，未能久坐，殊难出席各种会议，好在余随时可以贡献意见于中央，出席与否，无甚关系"。胡汉民的态度软中带硬，既表示了对仍在软禁中处境的不满，又表示了对国事的关心。

与此同时，宁粤双方的接触和谈也开始了。9月28日，南京方面的陈铭枢、蔡元培、张继抵达香港，粤方派汪精卫、孙科、李文范同日抵港。双方经磋商，达成如下协议：蒋介石下野，广州国民政府取消，在上海召开和平会议，产生统一政府。但同时粤方又附加两个条件：恢复胡汉民、李济深自由，让他们参与政事；更换陈铭枢为宁沪警备区司令，十九路军驻沪担任警卫任务，以确保粤方代表的人身安全。

蒋介石在各方的压力下，同意释放胡汉民。10月12日，陈铭枢到胡汉民的住处，转交了粤方的信件，建议胡汉民捐弃前嫌，以国事为重，并劝告胡汉民："介石因粤方坚持须先恢复先生自由到上海，然后再肯协议，所以已有意送先生到上海了。我看先生要快些走，一迟怕又要变卦了。"胡汉民首肯同意。

10月13日，胡汉民在陈铭枢、吴铁成的陪同下，去中山陵与蒋介石见面，本次见面时间较短，只是泛泛谈了对日外交的话题，最后决定10月14日早晨，由吴稚晖、李石曾、张静江、吴铁成、陈铭枢陪同胡汉民一同离京赴沪。

10月14日一早，胡汉民在离开软禁之地前，蒋介石为示友好，前来送行，并做出谦恭的样子，笑着对胡汉民说："过去的一切，我都错了，请胡先生原谅。以后遇事，还得请胡先生指教。"本来是蒋介石给胡汉民一个面子，缓和一下紧张的气氛，胡汉民却认起真来，数落起蒋介石的不是来，并且越说越气，滔滔不绝，好在张静江打了圆场，才结束了这场不愉快的送别。9点50分，胡汉民偕女儿胡木兰在陈铭枢的陪同下，乘坐蒋介石的专用花车离开南京去上海，终于结束了八个月零十四天的幽禁生活。

胡汉民到达上海后的第二天，致电广州的唐绍仪、汪精卫、古应芬、萧佛成、邓泽如、陈济棠、李济深等人，称他们"备尝艰苦，不惜牺牲"，请他们派代表来上海参加和会。致电中，胡汉民还谈到了国民党以往的错误纠纷时说："人每欲挟党内一部分力量为己有，党即失其团结之本体，人每欲自私，即互相排诟，排诟则纠纷愈多，而各人遂忙于对人，忽于对事。""此其错误，皆不容吾辈各自诿卸责任，弟亦容或为过错中之一人。然平日自检，担负既往之错误则较轻，而今日盼望我辈纠正过去错误之心则最切，今日正为吾党同志彻底觉悟力图团结之急要时机。"（蒋永敬：《胡汉民先生年谱》，第509—510页）电文中，看出胡汉民欲以宁粤之外的第三者自居。

广东方面接到胡汉民的电文后，决定派汪精卫、古应芬、孙科、邓泽如、李文范等为代表，于10月21日到达上海。汪精卫到上海后，就立即去胡汉民寓所拜会。10月22日，蒋介石从南京赶到上海，蒋、胡、汪三巨头在上海见面，握手言欢。蒋介石装出尊重胡、汪二人的样子，并请二人主持召开和平会议，"凡胡、汪两先生同意之事，我无不同意照行，若我不行，尽可严责"，并说"胡先生可代表本人"。胡汉民还无法忘记刚刚经历的八个多月的囚禁之仇，断然拒绝蒋介石的拉拢，一再声称："本人既不代表粤方也不代表京方，今以党员资格对同志发言。"三巨头会谈后，达成两点共识：一是彼此须求得外交一致，共赴国难；二是关于党政军问题，由京派代表在沪详商办法，俟将草案拟定，再入京开正式会议，谋彻底办法。

蒋介石、胡汉民、汪精卫三人的这次上海会晤，是1925年廖案后三人第一次坐在一起，也是最后一次。孙中山逝世后，这三个人都以孙中山最忠实的信徒自居，但三人之间的分分合合、权力争斗的恩恩怨怨却一直未断。在廖案发生后的政坛上，蒋、胡合作则无汪，蒋、汪合作则无胡，胡、汪间互相排斥。而这次胡、汪间的联合也是松散的，不久便被蒋介石所拆散。

10月27日，宁粤双方代表在上海召开和平会议，经过十多天的争吵，达成以下三项协议：（一）宁粤双方各自召开国民党第四次全国代表大会，依照比例分配名额选出新的中央委员，然后在南京合并召开四届一中全会，产生新的中央政府。（二）国民政府主席，不得以军人充任，由四届一中全会推选年高德劭的人担任。（三）撤销海陆空军总司令部，改设军事委员会统率全国军队。

和会中，由于南京方面代表坚持，考虑到中央政府一时无人负责，不应规定蒋介石在统一政府成立前辞职，所以广东方面没有坚持对蒋介石下野问题做出具体的规定。从宁粤双方达成的协议内容来看，主要是针对如何避免权力过分集中导致独裁进行讨论的。虽名为和平会议，但由于胡汉民、蒋介石没有参加，又决定分别召开国民党四大，会议名不副实。胡汉民声称在上海和会中持超然的中间立场，实际上他是站在粤方立场上的。粤方代表在会议前后遇有重要问题，都向他请示汇报。胡汉民也表现积极，常常发表对时局的意见，他主张坚持宁粤双方原定方案，因粤方的原定方案中有蒋介石下野的主张，很显然他仍要求蒋介石下野。

上海和平会议后，南京、广州中央党部分别召开了国民党第四次全国代表大会，南京方面在蒋介石的主持下开得比较顺利，广州方面开得艰难曲折。由于汪精卫的改组派、孙科的再造派、西山会议派、胡汉民派、桂系、陈济棠派等派系庞杂，只是为了反对蒋介石而临时走到一起，但各怀心态。所以在会议上吵得不可开交，在胡汉民多次出面协调并亲自参加下，才勉强闭幕。在闭幕式上，胡汉民讲话强调精诚团结、共赴国难外，仍没有忘记反独裁，"今人以为求统一必集权，但集权结果，遂形成独裁，然而独裁之结果，'满清'因此而亡，袁世凯因此而死，殷鉴不远"。广州的国民党四大选出了胡汉民、孙科、伍朝枢等人为临时常务执委，唐绍仪、萧佛成等为临时监委，并成立了广州"中央执监委临时办事处"。大会闭幕后，粤方选出的中央执监委由胡汉民领衔，通电要求蒋介石下野，声明如果蒋介石不下野解除兵权，坚决不到南京参加四届一中全会。

广州的国民党四大闭幕了，但却无法阻止粤方的分裂。汪派、再造派、西山会议派的代表一百多人离开广州，来到上海，另立门户，在汪精卫的主持下，单独召开了国民党四大。这样，在国民党的历史上出现了三个第四次全国代表大会同时并存的局面。

胡汉民等人要求蒋介石下野的通电发表后，蒋介石还想拖延时间，以图转机。但胡汉民步步紧逼，又发出最后"通牒"，如果蒋介石到 12 月

20 日还不下野，他们就在上海召开国民党四届一中全会。在胡汉民等粤方的压力下，蒋介石不得不在 1931 年 12 月 15 日通电下野。在通电中，蒋介石称他下野是由于"胡汉民微日（五日）通电，且有必须中正下野，解除兵柄，始赴京出席等语。是必使中正解职在先，和平统一方得实现"。因此他辞去国民政府本兼各职。通电中对胡汉民的不满和怨恨流露无遗。同一天，国民党中常会批准了蒋介石的辞呈，决定由林森代理国民政府主席，陈铭枢代理行政院长。

蒋介石软禁胡汉民于先，胡汉民逼迫蒋介石下野于后，真可谓极富戏剧性的一幕。

三、宁、粤、沪相争，"超然"成在野之人

蒋介石下野之后，沪、粤双方各自召开国民党四大所产生的中委，大部分开始入京，准备参加国民党四届一中全会。而胡汉民、蒋介石、汪精卫三人却对四届一中全会的态度大不相同。

蒋介石对逼迫自己下野的粤方恨之入骨，表面上对四届一中全会不闻不问，但暗中作梗。

汪精卫想趁此机会重返中央中枢机关，躲进上海医院，静观时局。

胡汉民对四届一中全会有时比较热心，时常发表一些意见，有时表现出冷漠，拒绝入京的邀请，让人捉摸不透。蒋介石下野之后，胡汉民曾致电冯玉祥、阎锡山，邀请他们来南京出席四届一中全会，而对邀请自己赴京主持会议之电，却一概拒绝。12 月 20 日，胡汉民在复国民政府主席林森的电报中说："出席大会，义不容辞，惟日来血压转高，尚在百七十六度以上，思虑故所不宜，旅行尤为戒忌。至对党政改革大计，日前曾电精卫、哲生（孙科）两兄，藉贡所见，今后仍当以在野之身献掳一切。"（陈红民：

《胡汉民年表》,《民国档案》1986年第一期,第123页)

实际上,身体健康原因只是胡汉民的一个借口,他刚刚奔波于上海、香港、广州之间调解主持完成了广州的国民党四大,只是不合作而已。他也不是"思虑故所不宜",就在他复林森电的第二天,他还给林森、陈铭枢等人提出建议,要求恢复人们的言论自由,立即废止对一切电报、邮政报馆的检查。本来,蒋介石下野,对胡汉民重返政界中枢是个极好的机会,且他名声较好,风骨品德众皆称颂,此时入主南京,可以有一番作为的。但他对时局的热心言论与拒绝参加政治活动的行为是矛盾的,究竟出于何意,人们不得而知,但有一点是明确的,他对时局不甘寂寞,发表意见建议极为热心,又常常在幕后对广东方面指手画脚。胡汉民如此之言行,使人们由原来对其处境的同情、风骨品德的赞赏产生的信任和期盼在逐渐丧失;他在同蒋介石斗争中的一些优势也因其不合作的态度在流失。中枢乏人,需要人来填充,谁能抓住机会,谁就能获胜。在把握机会和调和各方等方面,蒋介石、汪精卫都比胡汉民棋高一着。

国民党的四届一中全会在胡汉民、汪精卫缺席的情况下,于1931年12月24日终于召开了,蒋介石也只参加开幕式后就离开了。因会议缺乏中心人物,争论在所难免,在吵闹中勉强开了六天,总算闭幕。会议选举产生了国民党中央组织机构成员和国民政府组织机构成员。胡汉民同蒋介石、汪精卫等九人当选为国民党中央执委会常委,蒋介石、汪精卫、胡汉民三人为国民党中央政治会议常务委员,由三人轮流担任中央政治会议主席。林森当选为国民政府主席,孙科任行政院院长,张继任立法院院长,伍朝枢任司法院院长,戴季陶任考试院院长,于右任任监察院院长。

国民党四届一中全会的选举结果是蒋、胡、汪三派力量均衡的体现。会议为了照顾胡汉民等在西南的特殊利益,决定在广州成立国民党中央党部西南执行部和国民政府西南政务委员会,胡汉民、邹鲁、邓泽如、萧佛成等为两机构的成员，由胡汉民主持一切。1932年1月1日，胡汉民、唐绍仪等六十余人联名通电，取消广州的非常会议和国民政府，遵粤方四大决议设立西南执行部、西南政务委员会和西南军分会三个机关，"负均权共治之责"。西南执行部和西南政务委员会的设立，只不过是广州的非常会议和广州国民政府换个名称而已，西南半独立的状态依然存在，直到胡汉民病逝。

1932年元旦，林森、孙科等新一届国民政府主席、行政院院长宣誓就职，开始了号称"开始民国新生命"的短暂的孙科政府时期。新一届政府从其人员组成来看，是合作的政府。但实际上，是合而不作，胡汉民、蒋介石、汪精卫三人虽然入主中枢，但三人就是合而不作，胡汉民躲在香港，蒋介石隐居奉化，汪精卫"卧病"上海，三人天各一方，操纵自己的势力，明争暗斗，在这样的情势之下，孙科政府只能是个短命的政府了。

孙科政府成立后，担任国民政府主席之职的林森，极其诚恳地致电胡汉民，劝他从公私两个方面都应该来京就职，帮助孙科政府。电云："哲生（孙科）为总理单传之子，素为公所爱护者，今既然不避艰险，肯牺牲一切，公而忘私，我辈深嘉其志。尤表同情，似不忍袖手旁观，任其焦头烂额，而不加以援助。"在宁粤和谈中立下大功的陈铭枢，也分别致电蒋、胡、汪三人，敦请他们入京。同时，陈铭枢还单独致电胡汉民，请其离港前来。孙科也言辞恳切地致电胡汉民，请其来京，并让唐绍仪、萧佛成帮助劝说胡汉民来京主持工作。

从1932年1月1日至蒋、汪合作，几乎每隔一两天就有各方劝促胡汉民入京就职的电报打来，甚至国民政府的要人如刘芦隐、萧佛成、林翼中、李晓生等，亲自到香港拜请，胡汉民就是不为所动。

在蒋、胡、汪三人不支持的情况下，孙科政府面临重重困难，财政危机、外交问题、内部的矛盾，不一而足，搞得他焦头烂额。他实在撑不下去了，于 1932 年 1 月 9 日跑到上海，呼吁蒋、胡、汪三人入京主持一切。三人在各方的吁请中，态度不一。胡汉民坚不赴京，蒋、汪二人则密谋联袂。1 月 21 日，汪精卫先行到南京，1 月 22 日，蒋介石随后抵达南京，并对孙科政府进行责难。没有办法，孙科只好辞职，1 月 27 日、28 日，国民党中政会、中常会召开会议，改组了孙科政府，至此，孙科政府仅存在了一个月就夭折了。

汪精卫在与蒋介石的联合中，曾邀请胡汉民参加，被他拒绝。胡汉民不仅不与蒋、汪合作，还试图阻止蒋、汪的联合，主张以在野之身参与政治，在发给汪精卫的电报中，胡汉民说："弟以为时局既经更新，则必使政府负实行政策之全责，而不宜陷之于无所适从之环境。此时国家民族最大问题，莫过于抗日剿共，只需中央行责任内阁之职权，贯彻吾党数月来共同确定之政策，而吾辈以在野之身，竭诚为政府之助，则对内外，自能发展，开一新局势，以负国人之望。"（天津《大公报》1932 年 1 月 19 日）

胡汉民并没有能够阻止蒋、汪的合作，胡汉民想与汪精卫以在野之身参与政治只是他的一厢情愿。当他看到蒋、汪密切联系后很是气愤，一面给二人写信，表明主张，"所希望各矢忠诚，俾哲生等兄行使责任内阁之职权，贯彻其政策，而我人以在野之身，竭诚赞助，则对内对外，必立有生机，慰国人之期望"。一面在报界发表声明，"余信今日政府最迫切之事为剿匪及对日作战，今日在南京负责之领袖，仍有多人，予及蒋、汪三人不赴京，与政府事务之进行，并无妨碍"。

蒋、汪合作已成，汪精卫当上了行政院院长，胡汉民为孙科辞职表示惋惜，并公开表示与蒋介石、汪精卫二人决裂，"今蒋汪两先生之主张如此，是凿柄不相容，已可概见，故病不能成行，固为事实，而主张之不同，尤为明显之事实也"。他以在野之身提出了对时局抗日的四点主张：（一）必须充分接济为国御侮为民干城的上海抗战部队；（二）对日采取强硬态度，不屈从于暴力，必须彻底打破不抵抗及依赖他人的迷梦；（三）必须切实组织民众，对抗日的民众团体要加以扶植；（四）必须调集精锐部队，切实分区"剿共"。

蒋介石被逼下野，本是胡汉民重返政治中枢掌权的大好机会。但是，胡汉民却以"超然"的姿态，愿意以"在野之身"参与政治，或许是汤山被囚后所受到的影响和打击太大，或许出于自身政治策略的考虑，但结果是终于失去了政治上的大好机会，反而为蒋、汪的合作提供了机会，同时也导致了孙科政府的垮台。蒋、汪合作之后，胡汉民真正成为在野之人。

第九章

宣传抗日反蒋

组党办报，与蒋对抗

宣传抗日，反对妥协

卜居广州，忧愤猝逝

一、组党办报，与蒋对抗

胡汉民以"在野之身"居住在香港浅水湾的一栋别墅里，他有更多的时间为文作诗，同时也有充足的时间对国内的政治进行评论、批评。

胡汉民对国民党有着深厚的感情，并且以国民党的正统自居，这也是他在国民政府时期政治斗争中的优势所在。在北伐完成之后，他提出了"党治"主张，以孙中山的三民主义治国。所以他参加国民政府，担任重要职务，是想推行他所认定的"党治"主张。所以，国民党内的人无论什么地位、无论打着什么旗号，只要不符合胡汉民所认为的孙中山三民主义理论，他便批评挞伐。约法之争中，胡汉民认为蒋介石实行的是独裁，并不是党治。蒋、汪合作之后，这种状况并没有改变，南京政府"窃以党训政之名，行以军制政之实"。胡汉民认为，今日中国之大患，在中国国民党党治之不能行使。怎样才能解决党治不能实现的问题呢？胡汉民在《党权与军权之消长及今后之补救》一文中提出了以下解决之方案：第一，必须重新建立党的组织，使党成为真的革命的组织；第二，必须在军队中彻底厉行主义的训练和党的统制；第三，必须注意军队的本身和兵士的素质，随时为实际的改进；第四，必须依据总理权能分别的说法，使党有权，军队有能，并使军令、军需离军队而独立。

下野之后，胡汉民仍坚持"党治"主张，只不过"党治"之"党"已不是现在的国民党所能承担的了。所以在 1932 年初，胡汉民就与邹鲁商议组党之事。1932 年上半年，一个区别于南京国民党的"新国民党"诞生了。胡汉民自视为国民党的正统，他在感情上也无法割舍国民党的情感，更不能放弃曾为之奋斗大半生的"国民党"这个名称，故新组织仍然采用"中国国民党"之名，但为了与南京的国民党区别开，一般称之为"新国民党"。

"新国民党"以国民党西南执行部为中央机关，以胡汉民为领袖，邹鲁为书记长，萧佛成、邓泽如、刘芦隐、林云陔等都是负责人。凡加入者，均须履行由两名以上党员介绍、具约、宣誓等手续，并"呈经中央核准"，以示隆重。"新国民党"以胡汉民提出的抗日、倒蒋、"剿共"三大主张为政治纲领，在组织方面的活动，主要是登记联络，尤其着重联络西南地区以外的反对蒋介石的国民党人士，同时在青年中发展认同他们政治主张的人，为此，还成立了由邹鲁负责的专门委员会。同时，"新国民党"在上海组织由程潜负责的长江支部，胡汉民还派杨思义去湖南开展组织工作。

为了宣传自己的政治主张，宣传三民主义，1933 年 1 月，胡汉民在香港创办了《三民主义月刊》。在胡汉民撰写的题为《三民主义与中国革命》的发刊词中，申明了创刊的目的：我们办这个刊物，径直用"三民主义"这个名词，就是要纠正对三民主义的误解，还原三民主义的真面目，归还它"固有的伟大永久的价值"。在这个刊物中，"根据三民主义，批判时事，无论是中国的抑或世界的。我们要根据三民主义平衡学术，无论是社会科学抑或自然科学。我们确信唯有三民主义是我们一切的中心，是我们信仰的归宿，是中国革命的道路。因此我们确信三民主义必定实现，中国革命必定成功"。（蒋永敬：《胡汉民先生年谱》，第 522 页）

《三民主义月刊》由胡汉民亲任主编，刘芦隐专门管理刊物的出版发行。胡汉民是该刊的主要撰稿人，胡汉民此间的政治主张大都在该刊上发表。《三民主义月刊》共出了五卷三十期，几乎每期都有胡汉民的文章或者是谈话、通电，计有 50 多篇。这一时间胡汉民对时局的评论及政治主张，以及学术文章都在《三民主义月刊》上发表。《三民主义月刊》成为研究晚年胡汉民思想的重要依据。此外，邹鲁、刘芦隐、萧佛成、刘纪文、王养冲等也在《三民主义月刊》上发表了很多文章。《三民主义月刊》成为批评南京政府的"喉舌"，担负着"新国民党"党刊的重任。因其批评抨击政府，宣传抗日反蒋，内地的南京国民政府对之采取严禁的政策，但刊物可以在两广公开流传，还可以通过"新国民党"人士带往各地，加上当时许多人如胡适等都与之有邮购关系，影响还是很大的。

胡汉民抨击蒋介石的政府是"军治"、军阀统治。按照孙中山的建国理论，全国统一就是军政结束之时，但现在北伐已经成功，统一已告完成，但军权反而日涨。在《三民主义与中国革命》《党权与军权之消长及今后之补救》《军治与党治》等文章中，对蒋介石政府进行了批评和抨击，认为，国民革命北伐的成功，不是革命党的成功和革命的政治的成功，"只是军阀的成功"，只有军治，没有党治——即三民主义之治，军权高于一切。胡汉民认为，在武力横行的时代，人民自由的权利、训政建设、民主集权的精神，都被军权毁损，"以个人为中心之势力，则日渐其扩展"。最后导致"党权为军阀所篡夺，依于党所产生的政治，是军阀独裁专断的政治，党只是军阀运用的工具，三民主义，只是军阀政治的幌子"。

对于20世纪二三十年代盛行于德国、意大利的法西斯主义，军阀们都比较感兴趣，当时蒋介石也派人到德、意两国去取经，还聘请德国的军官作为"围剿"共产党的军事顾问，同时在全国建立特务组织。对蒋介石的法西斯主义倾向，胡汉民专门写了《论所谓法西斯蒂》的长篇论文，从理论和现实方面进行了分析和论述。胡汉民认为，起源于意大利并盛行于德意志、日本等国的法西斯主义，有其历史的因缘和时代的要求，德意志狂妄的大日耳曼主义和日本神秘的天皇无上主义，是其产生的历史因缘，而这些国家所出现的国势危机，引起了狭隘的国家主义的开展，"如古罗马雄风之回复，如日耳曼精神之发扬，如天皇无上主义之歌颂等"，再加上经济恐慌、社会凋敝、各阶层要求改变现状的愿望，便出现了一种较强的力量出来统治一切。胡汉民从政治、经济、社会、文化等方面分析了法西斯主义的反动性。从政治上来说，它是一种反自由主义和反民主主义的运动，其政治原则是绝对的个人专制，其政治手段是绝对的残忍恐怖；从经济上来说，它是一种反社会主义、反民生主义的运动；从社会上来说，它是一种抹杀社会群众，拥护所谓鲜明的个人的运动；从文化上说，它是一种反进化主义的、复古的、排他的运动。胡汉民认为，法西斯运动实在是现代最反动的运动，"它是时代转变的产儿，同时也必会以时代的转变而转趋没落"。同时断言："它的没落，不是理论的问题，而只是时间的问题。"批评完法西斯的反动性后，胡汉民指出，三民主义与法西斯主义是格格不入的，三民主义的革命运动，绝不能与法西斯主义的反动运动并存，"三民主义的民族主义，要摧毁法西斯的国家至上主义；三民主义的民权主义，要摧毁法西斯的独裁专断主义；三民主义的民生主义，要摧毁法西斯的资本主义的统治主义"。胡汉民最后断定，中国产生不出法西斯来，尤其是目前做着法西斯迷梦者，建立不起法西斯的组织来。

除了理论上对独裁专制进行批驳外，胡汉民对南京政府压制民主自由、实行专制统治进行了声讨和揭露。1933年2月9日，胡汉民为镇江《江声报》经理兼主编刘煜生、上海《时事新报》记者王慰三被杀事件，致电南京国民政府主席林森、立法院院长孙科，要求"为死者求昭雪，为生者求保障"。1934年10月，胡汉民还警告南京政府，"数年以来，中央对于人民言论之压迫摧残，无所不至，故于民间舆论，有所谓舆论指导员者，遍布各地，出版刊物之检查，密如网罗，时政记载，动辄得咎，报纸封闭，记者之被囚被杀，尤日有所闻，甚或记载偶涉私人，此私人者，并往往借政治机关之动力，横肆干预，防民之口，甚于防川"。（《三民主义月刊》第四卷第四期，第7页）

胡汉民对当时南京政府的"攘外必先安内"政策、新生活运动都进行了批评。

胡汉民把抗日、"剿共"视为治标，把摧毁反动之军权统治、重建革命中心视为治本，认为国民党不能实现抗日、"剿共"的原因，在于军阀统治的存在。所以他对蒋介石提出的"攘外必先安内"的论调，进行了批驳。他指出，抗日只是求生自卫的最低限度的举措，因此"内部而安，固须抗，内而不安，也要抗。否则等待日本来蚕食或鲸吞，而南京政府守着，不抗，不和，不走，不守主义，情愿束手待毙，不会成了亡国的天经地义吗？"胡汉民把先安内而后攘外，比喻为先吃饭而后工作，认为先吃饭而后工作，诚然是真理，但这只是半面真理，不是全面真理。因为未吃饭，也可以工作，甚至由于工作，方可以吃到饭。"同样，未安内也可以攘外，甚至由于攘外，便做到了安内。"胡汉民进一步揭露南京政府："先安内而后攘外，只是南京当局规避国难，推卸责任的遁辞。"在对待抗日和"剿共"这两个问题上，胡汉民是主张前者为重的。

重新上台后，蒋介石为了贯彻他提出的内政外交方针，发动了一个自称为"精神方面的重大战争"，即"新生活运动"。按照蒋介石1934年2月19日在南昌行营总理纪念周上作的"新生活运动之要义"的讲演，认为，"国家民族之复兴不在武力之强大，而在国民知识道德之高超"，"提高国民知识道德，在于一般国民衣食住行能整齐、清洁、简单、朴素，过一种合乎礼义廉耻的新生活"。为了开展新生活运动，南昌成立了"新生活运动促进会"，蒋介石亲任会长，各省各县也相继成立了分支会。

"新生活运动"刚刚发动，胡汉民就写了一篇文章进行批评，认为中华民族，确实需要新生活，但要有前提，一是要能维持民族的生存，二是安定人民的生活，然后才能谈到更新人民的生活。可是，现实却是中国人民简直无生活可过，经济衰落、农村崩溃，东北人民更在日寇铁蹄之下，生既不能，死又未可，"在万恶的军阀政治之下，哪里有所谓生活"。胡汉民进一步揭露道："所以所谓新生活运动，只是军阀官僚，在剥削民命，住大厦，食膏粱，衣锦绸，拥美妾之余想出来的玩意。干脆说一句：无非向无处求生、无法求活的老百姓开玩笑而已。"胡汉民认为要提倡新生活运动，但不是他们提出的内容，而是"推倒军阀统治"六个字。

在日本帝国主义侵略日甚、民族矛盾日深的形势下，许多富有民族精神的国民党军事将领开始不满蒋介石的"先安内后攘外"的政策，公开举起抗日反蒋的旗帜。曾经参加上海淞沪抗战的十九路军将领蒋光鼐、蔡廷锴，也在民族大义面前，决定联合李济深、陈铭枢发动福建事变。

福建事变的主要领导人与两广有着密切的联系，十九路军又是在广东国民革命军的基础上发展而成的，况且从地理位置而言，福建与广东相连，若闽粤桂三省结盟，可免除福建的后顾之忧。因此，十九路军在准备策划发动事变中，把实行闽粤桂联合，推举胡汉民出面组织独立政府，定为上策。本此想法，十九路军对两广及胡汉民做了大量工作。

1933年初，蒋光鼐派李章达带着《粤桂闽三省联盟约章草案》来到广州，征求陈济棠、李宗仁等的意见。李章达在路过香港时，曾先把这一草案送给胡汉民、李济深过目。在广州的陈济棠、李宗仁看后略作修改，即签字成约。《粤桂闽三省联盟约章草案》全文共十五条，主要规定三省合作问题，其中任何一省受到侵犯时，其他两省应全力援助，最后达到"抗日、反蒋、实现三民主义的建设"之目的。可以说，"联盟约章草案"基本上符合胡汉民的政治主张。

1933年5月，陈铭枢从国外回来到香港后与胡汉民见面，对福建的问题进行了商谈。6月，陈铭枢和蔡廷锴同到香港，再次与胡汉民密谈福建问题，决定："粤桂闽切实联络，从实干去，不尚空言；对中央行为均表反对，实行剿共以排除北上障碍。"密谈中，陈铭枢还提到了由胡汉民出面组织独立政府的问题。正当十九路军与两广及胡汉民加紧联络商议时，广东的实力人物陈济棠首先动摇了，他担心在武力反蒋中失掉广东的地盘，同时也不愿意十九路军在兵败后退入广东境内。胡汉民因此便不敢贸然答应福建方面，而广西的李宗仁、白崇禧表示粤桂要联合行动，"只要广东同意，广西绝无问题"，提出福建方面要先做好广东的工作。

十九路军将领发动事变的决心并不因陈济棠的动摇而发生改变，仍按照原计划进行，但仍不放弃对广东及胡汉民的争取。在事变前一天，陈铭枢、李济深联名致电胡汉民、陈济棠、李宗仁等人，邀其共同反蒋，"惟救国必先讨贼，而讨贼必先西南一致实力行动"，"今民族存亡，迫于眉睫，弟等为情势所迫，不得不先主发动，嬴政无道，陈涉发难于先；定国安邦，沛公继起于后。今望吾兄本历来之主张，为一致之行动。不特西南之福，亦中国再造之机也"。（《胡汉民先生政论选编》，第689页）不等胡汉民等人回复，李济深、陈铭枢、黄琪翔等及十九路军代表于1933年11月20日发表《人民权利宣言》，随后成立生产人民党和"中华共和国人民革命政府"，并宣布革命政府的中心任务是：外求民族解放，排除帝国主义在华势力；内求打倒军阀，推翻国民党统治，实现人民民主自由，发展国民经济，解放工农劳苦群众。

福建事变爆发后，胡汉民、萧佛成、陈济棠、李宗仁等人公开致电福建方面，表明自己的立场。对他们"揭橥讨贼，期申正义于天下，至所同情"，但对他们宣言中提出的打倒国民党、废除"青天白日旗"的行为进行了批评，认为是"背叛主义，招致外寇，煽扬赤焰，为患无穷"，要求陈铭枢等幡然改图，"以免尽入歧途"。

最令南京政府担心的是两广与福建联合起来，若再加上胡汉民这样的精神领袖，会造成非常大的影响。所以自福建事变酝酿时，南京政府就派人试探胡汉民的态度并进行拉拢。事变爆发的第二天，吴稚晖致电胡汉民，用外有胡汉民"与闻其事"之谣，半是试探半是告诫道："谣传先生亦与有联，弟想事之荒谬，必不至此，务宜严绝，且加声讨，才不愧为总理信徒也。"
胡汉民当即回敬一电："弟生平行事，予天下人以共见，无劳注及。虽然，
惟无瑕者可以责人，使今日无扶同卖国殃民之辈，尽情肆恶，则十九路军
亦何至铤而走险，……故公等亦宜自省，而先有以谢国人也。"（《胡汉
民先生政论选编》，第 690 页）回电中，胡汉民对吴稚晖反唇相讥，骂他
为虎作伥，但也表明他不参与福建事变的态度。

胡汉民公开了对福建事变的态度后，南京政府决定一方面继续拉他来
南京，国民党中常会决定："迎胡汉民入京，共负艰巨。"何应钦专电胡汉
民，称其为"党国硕彦，群流敬仰，值此国难严重之秋，定生风雨同舟之感，
务请克日命驾入京，共策国是"。南京政府还派张继持蒋介石的亲笔信，
到香港接请胡汉民，胡汉民再次严词拒绝。另一方面，南京政府也在着手
准备消灭发动事变的十九路军。

胡汉民不为宁方及闽方的拉拢邀请所动，对双方都持批判态度，各打
五十大板，称福建事变是"中国共产党匪徒与准共产党匪徒的合作，共同
向效鼙的中国蓝衣流氓斗争的一幕把戏"，"福建是不要党，南京是篡窃党，
不要党和篡窃党，厥罪惟均"。胡汉民把闽方与宁方视为同等罪人，宁方
没有资格对闽方批判指责，"真如、任潮等可责可罪，而南京政府则非其人"。
"背弃国家民族之立场，无间宁、闽，初无二致。充南京军阀之所为，中
国必亡于日寇，充福建乱党之所为，中国必亡于'共匪'"。"如宁方不
能放弃其独裁卖国之政策，闽方不能痛改其叛党联共之谬举，则无间宁闽，
不仅为本党之叛徒，亦且为国人之公敌，叛徒公敌，人人得而诛之。"（《胡
汉民事迹资料汇辑》第五册，第 487—488 页）

1933 年 12 月 15 日，胡汉民还以超然于宁闽双方之外的第三者身份宣
布他对时局的八大政治主张：（一）遵依孙中山的遗教，力行三民主义之
治，务使民族独立，民权普遍，民生发展。（二）独裁卖国的南京军阀统

治与叛党联共之福建乱党统治同时取消，重新组织一真能代表国家人民利益之政府。（三）新政府之建立，其目的在维持国权，解放民权，故对外应抵抗侵略，对内保护民权，实行地方自治。（四）凡带兵者不能干预政事，指挥军队之权操于政府。（五）统一编制全国军队，划定区域，别其性宜，付以专责，使之分负抗日、剿共、悍边之责任，撤废军事委员会。（六）中央与地方，实行均权制度，凡事务有全国一致之性质者，划归中央，有因地制宜性质者，划归地方，不偏于中央集权，或地方分权。（七）为求民生之发展，故必须扶植农村，开发交通，扩展工商业，力行关税自主，绝对公开财政，废止苛捐杂税。（八）政府之组织，依据于孙中山的遗教，政府的用人，以选贤任能为原则，而要求以能奉行三民主义为标准。

南京政府为了拉拢胡汉民，表示对其八项政治主张"可以酌量容纳"，提交国民党四届四中全会讨论，并督促胡汉民到南京说明一切。

本来，福建事变对胡汉民来说，是重返政坛一个绝佳的时机，使其身价大增。但胡汉民却以超然的第三方的立场，各打五十大板，并表明不与福建方面联合的态度。胡汉民作为文人政治家，言行一致。南京政府正是得到胡汉民中间立场的表态，其所担心的闽粤桂的联合已不复存在，才敢于大胆地兵分三路，对福建用兵。胡汉民看到蒋介石派飞机对福州、漳州的轰炸造成的军民的伤亡，又想起要粤桂的支援，但由于蒋介石对广东方面的拉拢，陈济棠仍不肯行动。胡汉民只好发通电指责，并请南京政府不要追击十九路军，"以备为将来党国之效用"。这样，胡汉民没有利用福建事变的大好时机，福建方面也没有得到胡汉民的强有力的支持，福建的"人民革命政府"只存在五十多天，终于在孤立无援中走到了末路。

胡汉民还对蒋介石南京政府的具体外交政策所带来的丧权辱国的协定进行了批驳。日本在侵占东北后，又得寸进尺，向华北进攻。在这种情况下，北平政务委员会委员长黄郛派人与日本签订了《塘沽协定》，协定不仅承认了日本占领东北三省、热河一带的"合法"性，并把察北、冀东的大片国土拱手送给日本。与此同时，南京国民政府行政院副院长兼财政部长宋子文与美国签订了《棉麦借款合同》，用借款的形式倾销美国的棉和麦，用中国烟卷、棉纱、火柴等五项统税作抵押。胡汉民强烈地反对这两项外交措施。他就美国棉麦借款一事，曾两次发电报质问立法院院长孙科及各委员，称对此违法、祸国殃民的借款，"弟以党员立场，不能不严重反对。兄等素非恋栈权位，甘为傀偏之徒，立法机关，尤为职权所在，内疚神明，外顾舆论，当亦不能安于缄默"。后来，胡汉民又发表了《塘沽协定与棉麦借款》一文，分析了塘沽协定的内容实质是卖国，借款的目的纯属对内。"南京政府为什么要签订塘沽协定？为的是对外不抵抗。为什么要签订棉麦借款？为的是对内不妥协。"文章中，胡汉民号召人们："打倒这个反动的南京统治，探寻国家的新生命。""不是革命，就是反革命，不是南京军阀的臣仆，便是革命阵前的斗士。"

在蒋介石对日外交政策没有改变之前，胡汉民对之的批判也没有一刻停止过，称南京政府的对日外交是"是投降的屈辱"，是"纯粹采取送礼之方式"。鉴于南京政府的内政外交政策和措施，胡汉民多次提出"负有全责的南京政府应尽早下野"。

二、宣传抗日，反对妥协

作为孙中山三民主义的忠实信徒，胡汉民有着浓厚的民族主义情感，早年参加辛亥革命，为推翻清朝的统治而奔波。革命政府建立之后，胡汉民主张废除与列强签订的不平等条约，而对于"九一八"事变之后日益深重的民族危机，胡汉民主张抵抗外族的侵略，他在宣传抗日、支持抗日方面做了许多工作。

胡汉民在"九一八"事变之前就对日本军国主义有较清醒的认识。1928年，济南"五卅惨案"发生前，胡汉民在分析日本出兵山东企图阻碍中国革命军完成北伐时，发表谈话强调了日本军阀有侵略中国的野心。1930年5月，在"五卅惨案"纪念会的演讲中，再次提醒大家，警惕帝国主义与军阀的勾结侵略中国的问题。

"九一八"事变爆发时，胡汉民尚被软禁中，他也曾提出了通过外交途径与日本进行交涉，向日本内阁施压。当他认识到外交途径已经无法解决时，便主张武装抗日。胡汉民在闻知日军进攻淞沪时，写的《感事六倒用恻韵》诗中，颇能代表当时的主张。诗曰：

近畿苦被兵，远道闻者恻。

炮火中霄来，奔避夷场塞。

可怜百万家，去死不踰尺。

忍辱为廷议，开情致崩迫。

词客且哀时，将军谁活国？

我舟维自南，我马嘶向北。

无时毕忧虞，况计燕居息。

陈意岂必深，回首龙他忆。

胡汉民支持上海抗战的态度坚决、强硬，他提出：要切实援助抗战的十九路军，将日军完全驱逐出上海；切实组织民众，使之成为抗日的中坚；迅速调集军队，收复东北失地；严整沿海各省的防卫，为长期抵抗做准备。同时他还表示："在日本未退出上海以前，无交涉可言，尤不待言矣。"胡汉民的主张不仅仅是对淞沪抗战，而且是对整个中国抵抗日本侵略而言的。他的抗日主张旗帜鲜明。

为了宣传抗日，胡汉民写了大量的文章。反对对日妥协，反对依赖国际联盟解决东北问题，主张武装抗日。

"九一八"事变发生后，南京政府曾寄希望于通过国际联盟解决东北问题。但随着时间的推移，东北问题不仅没有解决，而且日本侵略的魔爪进一步伸向关内。胡汉民便放弃了通过外交途径解决日本侵略问题的幻想。由于早在"五卅惨案"时，胡汉民就已经对国际联盟的作用有过体会和认知，"不能予侵略者有效之制止"，故胡汉民主张的外交途径是直接与日本接触解决，而不是通过国联解决，所以他一直反对依赖国联解决问题。认为"以帝国主义者所操纵之国联，若声言依赖之，不啻瞑目束手，一无所为"，"国联只是一些帝国主义者的剧院，只是世界弱小民族的屠场。国联不会有正义，不会有公道，本身更不会有能力"。当国联调查团提出的调查报告公然袒护日本，并提出国联共管中国东北后，胡汉民专门写文章进行抨击，认为国联调查团的报告书内容上矛盾冲突，不一而足，根本不配做解决东北问题的依据，并强调，"东北问题之最终解决，不在国联，不在所谓公约，而在我国人民最后之自决"。

在南京政府依赖国联的同时，也有人提出利用英、美等国与日本在远东的利益冲突，来压制日本。胡汉民对此也持批评否定态度。胡汉民在分析了日本与英美等国具体情况之后，指出他们虽然有利益方面的冲突，但他们各有"苦衷"，还不至于对日本采取强有力的行动。因为帝国主义以侵略弱小民族为能事，绝不会对中国有什么善意，"在国际帝国主义者重分世界的前提之下，无论任何国际协调，中国只有被宰割的资格"。胡汉民还把想依英、美制日的方式，比为以夷制夷，认为"假如抱着所谓'以夷制夷'的谬见，真有使中国变成国际殖民地的危险"，结果只能是前门驱虎，后门进狼，中国不亡于日本，则亡于其他帝国主义国家。

"九一八"事变后，南京国民政府除了寄希望于国联解决之外，并没有认真地做武装抵抗侵略的准备。当时有些人认为中国的武装力量不足以与日本为敌，抗日亡国论有一定的市场。胡汉民在"九一八"事变爆发之初依靠外交途径解决的幻想破灭后，就转而坚决主张武力抵抗侵略，对当时南京政府采取的消极态度表示愤慨，对悲观论者进行批驳。

　　1933 年 4 月 15 日，胡汉民在《三民主义月刊》上发表了《从日本现势说到对日抗战》一文，详细分析了两国的"强弱异势，优劣悬殊"，驳斥了抗日速亡论等悲观论调。胡汉民认为，虽然中日两国相比，强弱异势，优劣悬殊，但中国不能因此对日本妥协屈辱，相反，中国应该抗战，抗战的前途也未必悲观。日本不足惧。因为，近代国家要保持其良好的地位，必须具备两个条件，一个是优良的外交形势，一个是丰裕的财政状况，而强大的军队"并不算得主要的因素"。日本恰恰在两个必备的条件上处于劣势。一方面，日本入侵东北，打破了列强们在远东的均势，"为太平洋争霸而使日美的冲突，益形尖锐"，"为权利的斗争，而使日、英关系日渐疏懈，日、俄更不相容"。日本外交已"绝对陷于孤立的地位"。另一方面，日本的财政状况也很糟，"九一八"事变之后，日本的财政支出剧增，物价飞涨，对外贸易衰颓和亏损，日币在国际上价值低落。而日本又是天然资源甚少的小国，无力从经济困境中解脱出来，"日本财政和经济的情形，其日趋崩溃的倾局，已日益显明"。通过以上的分析，胡汉民反问道："到底是抗战亡国呢？还是不抗战亡国呢？这应该很明白清楚了吧！"胡汉民的分析论述，驳斥了恐日论、抗战速亡论，激发鼓舞了人们的抗日斗志。在另一篇文章中，胡汉民鲜明地提出了："惟有用赤铁与热血的对日抗战，是我们的唯一出路。"

　　胡汉民不仅在言论上宣传抗日，反对妥协，而且在行动上也能坚持民族立场。日本侵略者为了分化中国，企图利用胡汉民与蒋介石之间的矛盾，拉拢胡汉民在西南组织亲日的反蒋政府，被胡汉民予以拒绝。汤山软禁被释放后，胡汉民到广州参加广州国民党四大，日本关东军的土肥原贤二通过各种关系拜见胡汉民。见面之后，土肥原贤二先对胡汉民称赞一番，然后讨好地批评中国现政府，"多独断独行，殊非共和政体之真谛"，同时表示，"甚愿胡先生出而组织健全政府，如需用敝国（日本）帮忙，亦愿视敝国能力所及，以帮忙胡先生"。胡汉民认为，本人与蒋介石意见分歧，纯属本国内政，不容他国干涉，予以严词拒绝。1935年初，日本关东军再次派出土肥原贤二来见胡汉民，向胡汉民宣传"中日提携"，想支持胡汉民在西南开展反蒋活动。胡汉民不仅再次拒绝了土肥原贤二的诱惑，还严厉谴责了日本侵略中国的政策。两次遭到胡汉民的严词拒绝，日本军方还不死心，仍然借助一切机会对胡汉民进行拉拢。1936年初，胡汉民从国外考察刚刚回到国内，当日本军方得知胡汉民不愿意北上与蒋介石合作后，日本大将松井石根约见胡汉民，"怂恿西南抗拒中央，并且保证在抗拒中央的情形之下，日本可供给款械"，胡汉民态度严正，不仅予以拒绝，同时还驳斥了松井石根歪曲孙中山的"大亚细亚主义"的谬论，声言主张坚决抗日，使得松井石根"无结果而去"。

日本军国主义者意欲独霸中国，对民国政府与英美等国的交往横加干涉。1934年3月、4月，日本外务省及其外相发表一连串声明，排斥其他国国家与中国的交往，声明对中国的特殊关注和在中国的特殊地位。这进一步暴露了日本想独霸中国的野心，遭到了国内有识之士的驳斥。胡汉民为此发表了《为远东问题忠告友邦书》，透彻分析了日本侵华政策所出现的远东新格局与日美英俄间的利益矛盾，揭露了日本对华政策的狼子野心及其侵略本质，以唤起各国的注意和警惕。随后，胡汉民还在中国共产党提出的《中华人民对日作战基本纲领》（即《抗日救国六大纲领》）签名响应，表明他严正的抗日立场。

三、卜居广州，忧愤猝逝

在外界看来，两广的地方势力经常打着胡汉民的旗号，反对中央政府的独裁政策，而胡汉民在汤山事件后的被释，也赖于两广西南方面的声援造势。但实际上，胡汉民与两广地方实力派之间存有较大的分歧，貌合神离。

在广州设立的国民党西南执行部和西南政务委员会，名义上是由胡汉民"主持一切"，所有事项，均托由委员李晓生向胡汉民报告情况。但实际上，两广实力派人物对胡汉民是尊而不从。胡汉民与广东的陈济棠只是互相利用的关系，绝不是"同道者"。二人虽然都反对蒋介石，但二人的目的是大不相同的。胡汉民反对的主要是蒋介石依靠军权的独裁统治，胡汉民的政治理想是用三民主义救国、治国，实行训政，以法治国、以党治国等。而陈济棠等两广实力派反对蒋介石的中央政府，是受利益的驱使，目的是保住地盘，做地方王，不让蒋介石及中央政府染指。这样的目的，决定了两广实力派不是从政治理想、治国理念的大局出发来考虑问题，仅从狭隘的利益出发。所以胡汉民与两广地方实力派的矛盾不可避免。

早在福建事变爆发之前，两广实力派与胡汉民的小摩擦就时有发生。汪精卫在与蒋介石合组政府不久，二人即发生了矛盾，汪精卫要出国"疗养"，陈济棠便想借此机会接汪入粤，以壮大与蒋介石及中央政府对抗的声势，胡汉民坚决反对。国民党召开四届三中全会时，在西南出席大会的人选及数额问题上，胡汉民与陈济棠再生龃龉。胡汉民不满陈济棠的专断，陈济棠则以征求李宗仁、白崇禧的意见为托词，对胡汉民的建议主张暗中拖延阻搁。胡汉民在香港的活动费用，是由陈济棠提供的。陈济棠对胡汉民稍有不满，就在经济上卡脖子。在 1933 年 2 月 14 日吴铁城给宋子文的密电中就透露了这样的情况："伯南（陈济棠）对胡活动费前已由二万减半，先复由二月起减为五千"，"胡以不得志于粤，遂拉拢川滇黔桂以控制伯南，但川局纠纷未解，黔无实力，滇不听命，桂只口头敷衍，胡感头头不是道，愤极，终日骂人，虽亲近如李文范亦避澳（门）不敢见"。在经济上仰息于一个地方军阀，并且时常以此被要挟，这对于心高气傲的胡汉民来说，是极其痛苦的。

在对待福建事变上，胡汉民与两广实力派之间的分歧更为明显。在福建事变的酝酿过程中，蒋光鼐、蔡廷锴曾征求过胡汉民的意见，胡汉民并没有明确的反对意见，后来陈济棠惧怕与闽方联合后，无论事变之成败对他的地盘都是个严重的威胁，遂极力反对与之联合。胡汉民没有办法，转而对福建事变持冷漠不语的态度，但对闽方派来联系的人也来者不拒。事变爆发后，陈济棠抛却了西南的联合，暗中派人与蒋介石接触，以 1500 万元的价钱换取对福建事变持观望之态度。

胡汉民由此开始孤立。当时胡汉民在香港主要靠在广州的国民党元老邹鲁、萧佛成、邓泽如等与陈济棠接洽，以施加影响。但他们很快便发现在武力倒蒋、出兵抗日、西南联合等问题上，陈济棠或公开阻挠，或暗中设障。所以，尽管胡汉民有激烈的抗日、反蒋主张，却一事无成。胡汉民只有感叹"枪之所在，即权之所寄"。

福建事变平息后，蒋介石的中央政府在全国开展和平的"团结统一运动"。对待西南方面，采取双管齐下的策略，拉拢陈济棠、李宗仁，敦促胡汉民来南京视事。此时胡汉民也陷入矛盾之中，一方面在陈济棠等人的处处限制掣肘之下，一事无成，政治主张仅成为地方实力派的借口和工具；另一方面与蒋汪的论战批判之声言犹在耳，心境矛盾，可想而知。这时，南京政府加快了敦促胡汉民来南京的节奏。在国民党四届五中全会前夕的 1934 年 12 月，国民党中央派孙科、王宠惠来香港，与胡汉民商谈团结合作的问题，并敦促他入南京共商大计。此后，胡汉民对南京政府的批评言论有所缓和，南京国民政府对日抗战的政策也转趋积极。南京政府又连续派孙科、王宠惠去香港，做胡汉民的工作，而此时陈济棠、李宗仁对中央政府的态度也发生了转变，认为中央政府提出的中央与地方确立的共信互信、和平统一的五项原则可行。胡汉民则提出了有条件的合作，先由蒋介石、汪精卫的中央彻底改正错误，同时提出三项要求：须开放人民言论集会出版之自由；须确定入川"剿共"，对西南各省，不作大兵压境之威胁；对此间之朋友、同志，不得敌视、暗杀，立即解散猖獗的杀人组织。并且要求中央政府拿出实际的行动来。

胡汉民虽然提出了有条件合作，看似苛刻，但表明他的态度已经有所改变。这时，汪精卫又在上海发表了如下言论："中央同人对胡态度，三年来始终未变，即：（1）盼望胡先生能来南京，共同负责；（2）胡先生在港批评可以接受，如有误会则予解释，若激于意气，远于事实，亦不计较；（3）如胡先生有意出洋，中央同人必乐于赞助，但此属于胡先生之自动。"（《国闻周报》第12卷第4期，1935年1月21日）汪精卫讲话的核心在于暗示，如胡不入京即出洋。胡汉民身边的邹鲁在与陈济棠屡次接触中，碰了不少钉子，转而与南京接触，他也建议胡汉民缓和与南京的关系，并可趁机摆脱西南实力派人物的要挟。邹鲁给胡汉民出主意，让他暂避出国，与南京方面的联系由他负责，待联系妥当后，再请胡汉民到南京，胡汉民终于接受了他的建议，同意出国。

体弱多病，是胡汉民出国的很好借口和理由。正如他在出国前发表的谈话中所讲的："余自三月间偶感风寒，卧病经月，静摄后又渐趋平缓，今血压为一百七十余度，而思虑稍繁，每感不适，据医者检验，仍有易地疗养必要，故决赴海外小游。"（《三民主义月刊》第五卷第六期，1935年6月15日）1935年6月9日，胡汉民同随行的医生陈翼平、李崧，秘书程天固、刘平，女儿胡木兰及义女钟慧中一行九人，乘意大利轮船"康特华帝"号，离开香港前往欧洲。临行前写了一首七律诗，隐含了他在政治上仍要继续奋斗之志。诗云：

> 芦溪有句说奇男，不怅临分此老谙；
>
> 国瘼可堪为晋宋，诗愚未便到柴参。
>
> 从吾游者道之合，尚有人焉计以南；
>
> 又试携儿行万里，十年旧事抵深谈。

胡汉民此次出国，是国内外政治形势变化促成的，是南京中央政府与西南地方势力的矛盾、蒋胡汪的矛盾、胡陈（陈济棠）矛盾等众多矛盾变化的结果。此次"携儿"出行，他不由得想起了十年之前的那次出国。

胡汉民在欧洲待了半年，先后到过意大利、瑞士、德国和法国。他曾用心考察过德、意两国的党务，更多的时间是待在法国南部的乡村疗养。

胡汉民在国外的半年时间，国内的政治局势发生了变化。先是汪精卫在南京召开的国民党四届六中全会的开幕式上被刺，继之汪精卫辞去了行政院院长职务，离开南京转赴欧洲治疗。蒋汪合作的这一插曲，为胡汉民重返南京提供了契机。因为在孙中山逝世、廖案发生以后，国民党中央的政治舞台上，基本上是蒋胡合作排汪，或者是蒋汪合作排胡，胡、汪二人没有共同与蒋介石合作过。所以，汪精卫离开南京，是胡汉民重返中央政府的一个契机。在国民党召开第五次全国代表大会前的预备会议上，决定致电胡汉民等旅外国民党的中央委员，请他们回国参加会议，"共荷艰巨"。在 1935 年 11 月下旬召开的国民党五全大会上，蒋介石宣布的对日政策与以前相比有了明显的变化，声明在一定条件下对日本可采取强硬的措施，"和平有和平之限度，牺牲有牺牲之决心"，若超过了限度，则将"抱定最后牺牲之决心，而为和平最大之努力，期达奠定国家复兴民族之目的"。蒋介石的外交政策的改变，缩小了与胡汉民在对日问题上的差距。国民党五届一中全会选举新的领导机构时，胡汉民当选为国民党中央常务委员会主席，蒋介石为副主席，邹鲁也当选为中央九常委之一，两广方面的白崇禧、陈济棠、刘芦隐、刘纪文、李文范、林翼中、黄旭初当选为中央执行委员，李宗仁、萧佛成、黄绍竑、林云陔当选为中央监察委员。五届一中全会刚刚结束，国民党中央就将会议的选举结果电告在法国养病的胡汉民。同时，蒋介石还让财政部长孔祥熙给胡汉民寄去"补旅费"四万元，给胡汉民的妻子陈淑子寄去一万元，在寄钱随附的电文中，孔祥熙写道："中央常会，兄任主席，党国之幸，盼即回国主持。"胡汉民虽然婉言谢却所寄之钱，但在回复国民党中央的电文中，告知即将候轮回国。

1935年12月27日，胡汉民一行从法国起程，历二十余天，于1936年1月19日抵达香港。

胡汉民回国，引起了南京方面和两广方面迎接他的竞争。蒋介石想把胡汉民直接迎入南京，两广等的西南问题便可解决。两广方面想继续利用胡汉民这杆大旗，抵挡蒋介石的进攻，与中央政府讨价还价。为此，双方都派出了迎接胡汉民的庞大阵容。

南京方面，先派国民政府主席的代表徐世祯和监察院副院长许崇智到香港，后又加派司法院院长居正及叶楚伧、陈策等人到香港，恭候胡汉民的归来。蒋介石还特派他的私人代表魏德明持写给胡汉民的亲笔信，远赴新加坡迎候。南京方面的数十个民众团体还成立了迎胡入京的组织。

两广方面，大打亲情、乡情牌，搞得更为隆重。广东各界专门组织了"欢迎胡先生回国主持救国大计大会"，专门负责欢迎胡汉民的事宜。同时派与胡汉民关系密切的刘芦隐、林翼中、李晓生等人到新加坡迎接，广东方面的要人陈济棠、萧佛成、林云陔等到香港恭候。

1936 年 1 月 19 日，胡汉民一行乘坐的"维多利亚"号邮轮抵达香港，受到了云集在此的国民党中央及西南要人等的隆重欢迎。欢迎活动盛况空前，还拍成了纪录电影。胡汉民发表了书面讲话，表明自己一如往昔的政治主张：党应恢复为有主义有精神之党，政府应改造为有责任有能力之政府，力矫过去畏葸苟安的错误，以负荷解除国难建设国家之重任。

胡汉民在书面讲话中，虽然号称秉持以往的政治主张，但他已不再提"军阀专制独裁""推翻独裁政府"等字句，用词改为"改造""力矫""错误"等，减去了许多的火药味，从中也可解读出胡汉民的政治态度及对与南京政府关系的些许变化。

在香港，胡汉民出席了各界的欢迎会，并向国民党中央派出的代表居正、叶楚伧表示：不久即将入京，请其先返京。两广方面看到胡汉民对南京方面态度的变化，非常担心胡汉民被蒋介石拉过去，况且胡汉民现在是国民党中央常务委员会主席，身份同出国前相比已大不相同。因此，两广方面的陈济棠、李宗仁、白崇禧立即协商，提出了留住胡汉民的三点办法：政治上尊重，经济上支持，生活上照顾。

1 月 25 日，胡汉民回到广州，受到了两广党政军要人、各机关职员、各界团体代表共五千余人的欢迎，胡汉民在欢迎大会上发表了题为《对于党与政府之希望》的演讲，重申了他抵港时发表的主张。欢迎大会后，广州市举行了数百辆汽车参加的环市游行，一路上燃放鞭炮，场面热烈。

随后的几天里，胡汉民与西南党政要人会商，讨论时局问题，涉及整理党务及今后实施方针等。西南方面党政要人对胡汉民的主张均表示赞同，就连以前对胡汉民尊而不听的陈济棠，也装出极其恭敬的样子来，对胡汉民言听计从。

这时的胡汉民内心很矛盾，本来国民党五全大会后，是自己重回中央的大好时机，但面临着是去南京入主中央还是常住广州入主西南，他面临着痛苦的选择。历经汤山事件后，胡汉民对蒋介石始终不敢轻信。而最近几年来，陈济棠与胡汉民又貌合神离，心殊隔阂。但广州毕竟是他的家乡，是他出生的地方，有一份难以割舍的乡情，再加上陈济棠、李宗仁、白崇禧等两广实力派的轮番"轰炸"与"刻意"挽留，在回复蒋介石促其进京的电文中，声言"须稍休养"，宣布"暂不北上"。

胡汉民决定暂住广州后，陈济棠等人的目的已经达到，两广并不是真正想实行胡汉民的政治主张，而仅是作为旗号，让人看看而已。为了防止胡汉民北上，失去这面大旗，陈济棠还采取了一些措施，暗中派了许多兵"保护"胡宅，但此时并没有表面化，胡汉民与陈济棠二人谁也没有公开挑明。

在这种情况下，胡汉民每日以读书、为文、下棋打发时光。表面上看，胡汉民在广州一切平安无事，其内心却极度的抑郁烦闷。

1936年5月9日下午，胡汉民应妻兄陈融之邀去陈宅赴宴。宴后与陈家的家庭教师潘景夷对弈，当下至第二局时，胡汉民苦思对付方略，他本患有高血压之病，不宜过度用脑，一急之下，血涌入脑，致右脑血管爆裂昏厥，从椅子上翻落在地。众人将他扶入屋内床上，并立即找来广州名医诊治，经两个小时的抢救，从昏迷中醒来，神智略清。

胡汉民醒来后，自知病情严重，势将不起，乃召萧佛成、陈济棠、邹鲁、林云陔、杨熙绩、陈耀垣、张任民、王孝文、陈融、林翼中、刘纪文、黄季陆、陈嘉祐等西南军政要人及夫人陈淑子、女儿胡木兰、堂弟胡毅生来至床前，口授遗嘱，由萧佛成记录。口授遗嘱后，胡汉民神智烦躁，又昏了过去，经医生注射药物，虽安静下来，但神智完全不清，病情加重，至12日下午7时40分，终因心力衰竭而停止呼吸，终年58岁。

胡汉民的遗嘱概括地体现了他晚年的政治主张，遗嘱全文如下：

余以久病之躯，养病海外，迭承五全大会敦促，力疾还，方期努力奋斗，共纾国难，讵料归国以来，外力日见伸张，抵抗仍无实际，事与愿违，忧愤之余，病益增剧，势将不起。自维追随总理，从事革命三十余年，确信三民主义为唯一救国主义，而熟察目前情势，非抗日不能实现民族主义，非推翻独裁政治不能实现民权主义，非肃清"共匪"不能实现民生主义，尤盼吾党忠实同志切实奉行总理遗教，以完成本党救国之使命。切嘱。（墨人：《诗人革命家———胡汉民传》，第342—343页）

在临终遗嘱中，胡汉民仍念念不忘抗日、反独裁、"剿共"三大主张，仍然怀抱着旧三民主义的理想，这正是他一生成于斯又毁于斯的悲剧之所在。

胡汉民逝世的当天晚上，西南政务委员会和西南执行部致电国民党中央，并通电全国，宣布了胡汉民病逝的消息。第二天，即5月13日，西南政务委员会、西南执行委员会召开联席会议，会上由邹鲁报告了胡汉民病逝的经过，宣读了胡汉民的遗嘱。会议决定，由邹鲁、陈融、林翼中等人组成治丧委员会，筹备丧事，同时决定广州市下半旗三天，停止一切娱乐活动。

5月13日，南京国民党中央接到胡汉民的丧电后，立即由蒋介石主持召开国民党临时中常会，宣布了胡汉民病逝的消息，然后与会者全体起立，默哀三分钟。会议上讨论了胡汉民治丧的问题，决定自5月13日起，全国一律下半旗三日，并停止娱乐宴会；全体党员一律左臂缠戴黑纱三日；由中央执监委员会电唁胡汉民家属；下星期一各机关纪念周时，举行默哀三分钟仪式；国内外各地党部，召集当地机关团体，筹备举行胡汉民追悼会。

5月18日，国民党中常会开会，决定为胡汉民举行国葬，5月25日、26日、27日三天为全国公祭日，推派居正、许崇智、孙科、叶楚伧、李文范、傅秉常、褚民谊、朱家骅八位委员代表中央，前往广州致祭，并慰唁胡汉民的家属。

5月25日至27日，全国公祭胡汉民，南京、上海、北京等地有追悼大会，报纸上刊登了汪精卫和蒋介石写的祭文。广州的公祭活动在中山纪念堂举行，纪念堂绕以蓝色光管，四周挂满黑布，中间通道搭了一座华表。堂内正面是一幅高18尺的胡汉民遗像，上悬"聪明正直"四字，周围是蓝色光管，景象异常肃穆。警察乐队奏哀乐，真光、协和两女校学生唱哀歌。25日的第一天公祭，从早上7点45分开始，中央代表居正、孙科和许崇智等人最早进入会场。公祭仪式的次序是：全体肃立、主席就位、奏哀乐、行祭礼、鞠躬、献花、默哀、宣讲祭文、行三鞠躬礼、再奏哀乐。正午12点广州的工厂鸣汽笛，车辆行人一律停止3分钟，飞机在天上散发宣传品数十万份。参加公祭者均送纪念专刊、《三民主义》月刊各一册，主办者还专门将《胡汉民遗教》印成英文小册送给外国人士。据报道，3天在广州参加公祭者有四十多万人，其中最后一天，即5月27日，超过二十万人。

6月17日，国民政府发表了《胡汉民褒扬令》，全文如下：

> 国民政府委员、前常务委员、立法院长胡汉民，翊赞总理，倡导革命，丰功伟烈，中外同钦。乃因罹疾逝世，国丧元勋，民失师保，追怀往绩，允宜特予国葬，以昭尊崇。兹派居正、萧佛成、孙科、许崇智、孔祥熙、叶楚伧、林云陔、刘纪文、林芳浦、陈协之、胡毅生为国葬典礼筹备委员，著即依国葬法组织办事处，在广州择定葬地，敬谨举行。所有一切饰终典礼，务极优隆。其国葬费用及纪念建筑物，即由该委员等拟议呈核施行，以示国家崇德报功之至意，此令。（周聿峨、陈红民：《胡汉民评传》，第296页）

广州群众为胡汉民送葬

各地的报刊也纷纷发表纪念文章，褒扬胡汉民的一生。上海的《时事新报》对胡汉民评价道："综先生之一生，刚毅坚贞，可为革命政治家之典型。不苟同，不屈挠，秉其公忠之自信，恶其所恶如仇，律己极严而不自宽假，皎洁崇高如一尘不染之深秋皓月，故其人格表现尤为世称。"（蒋永敬：《胡汉民先生年谱》，第547页）

7月13日，是胡汉民奉移（安葬）大典，仪式和场面也极为隆重，胡汉民被安葬在广州东郊的龙眼洞狮岭斗文塱。

胡汉民逝世后葬礼隆重而浩大，极尽哀荣。但由于不久抗日战争全面爆发，又加上连年内战，胡汉民的墓地历经多年已经荒芜，旧墓址难以寻觅。1985年春，广东省人民政府拨款7.3万元重新修建，依家属的意愿，在龙眼洞狮岭斗文塱山顶上的陈淑子墓旁兴建，墓内存放的是一个大理石盒子，里面装着一本用红、黄丝绸包裹的《胡汉民自传》。同年8月初，"胡汉民墓园"修缮完毕，供人们凭吊。

胡汉民年谱简编

1879 年　1 岁

12 月 9 日，生于广东番禺，排行四，取名衍鹳，后改名衍鸿，字展堂，晚年别号不匮室主。

1883 年　5 岁

随父母客居广东博罗，接受父母的诗文教育。

1884 年　6 岁

随父母客居广东高州。

1886 年　8 岁

随父母迁回广州，与兄胡清瑞入私塾从张德瀛读书。

1889 年　11 岁

能日诵数千言，尽读《十三经》《史记》《古文辞》等，下笔为文，斐然可观。

1891 年　13 岁

作《种竹》诗。

秋，父胡文照病逝，因贫辍学，在家自修。

1893 年　15 岁

母亲文氏病故，因贫困两个月才举殡。

1894 年　16 岁

与长兄清瑞以教书谋生养家。

是年，一兄一姐两弟因医养不足，相继病逝。

1895 年　17 岁

在课徒的同时，就读于学海堂、菊坡书院，结识史坚如等，始了解孙中山及其革命活动。

1896 年　18 岁

肄业于菊坡书院和学海堂。

1897 年　19 岁

仍以舌耕砚耕为生，生活渐裕，广交朋友。

1898 年　20 岁

任广州《岭海报》记者。

1900 年　22 岁

受好友史坚如遇难之刺激，决心留学日本寻找救国之路。

1901 年　23 岁

乡试中举。

1902 年　24 岁

春，与陈淑子结婚。

5 月，赴日留学，入东京弘文学院速成师范科。

8 月，因抗争自费留学生入读成城学校之事，退学回国。

是年，为人"捉刀"酬金六千，为留学之资。

1903 年　25 岁

执教广西梧州中学，宣传民族革命之新思想，遭到乡绅攻讦，旋辞职回粤。回粤后，帮助兄胡清瑞编辑《岭海报》。

1904 年　26 岁

上半年，任香山隆都私立学校校长。

冬，作为特别保送的官绅留学生，再次赴日留学，入读东京法政大学速成法政科。

1905 年　27 岁

是年，仍在东京法政大学速成法政科学习。

8 月，在日本寓所与孙中山第一次见面谈话，接受孙中山的革命思想。

9 月 1 日，加入同盟会，任本部评议部议员、本部书记部秘书，掌理机要文书。

10 月 6 日，受同盟会委派，在东京"戊戌庚子死事诸人纪念会"上发表演说，痛斥保皇派。

11 月 26 日，同盟会的机关报《民报》在东京创刊，负责编辑工作，开始用笔名"汉民"。在创刊号上发表了孙中山口授、胡汉民执笔的《发刊词》，较系统阐释三民主义。

12 月，日政府颁布针对中国留日学生的《取缔规则》，发起组织"维持留学界同志会"。

1906 年　28 岁

在《民报》上用"汉民""辨奸""去非""民意"等笔名，发表《民报之六大主义》《排外与国际法》《告非难民生主义者》《斥新民丛报之谬妄》等文章。

由法政大学速成科毕业，入专门部肄业。

1907 年　29 岁

3 月 4 日，随孙中山离开日本到河内设立机关，筹划起义。化名陈同。

4 月，到香港策应广东黄冈、惠州起义。

9 月，到河内策应领导广西防城起义。

10 月，回香港策划接运军火，未成。

12 月，参加镇南关起义，与孙中山等亲临前线。

1908 年　30 岁

3—4 月，与黄兴领导粤、桂、滇三省的军事行动，策应广西钦廉上思起义、协助领导河口起义。

5—6 月，匿居河内，料理河口起义善后事宜。

7 月，由河内到香港转赴新加坡，进行革命宣传和发动。

8—10 月，在新加坡《中兴日报》撰文二十余篇，论战南洋保皇党人。

秋，任同盟会南洋支部支部长。

10 月 28 日—12 月 14 日，随孙中山到芙蓉、吉隆坡、槟榔屿等地指导党务及筹款。

1909 年　31 岁

2 月 24 日，赴仰光为孙中山赴欧筹款。

5 月 11 日，由新加坡回香港策应广州新军运动及扩充南方党务。

10 月，同盟会南方支部成立，任支部长。

1910 年　32 岁

2 月，同黄兴领导广州新军起义。

3 月，与黄兴、赵声赴新加坡筹款。

4 月，得知汪精卫在北京谋刺摄政王载沣被捕，设法营救。

8 月初，奉孙中山之命，赴安南筹款。

11 月 13 日，参加孙中山在庇能召开的军事会议，会议决定在广州举行起义。

12 月，赴南洋各埠筹款。

1911 年　33 岁

3 月初，自西贡返抵香港，参加香港统筹部工作，担任秘书长。

4 月 8 日，统筹部开会决定举行广州起义的时间。

4 月 27 日，乘船由港到穗，悉广州起义失败，遂返港。

6 月，赴西贡筹款并扩充党务。

10 月 10 日，武昌起义爆发，在西贡。

10月29日，率一批华侨从军青年，乘船来香港，策划李准反正，筹划光复广东事宜。

11月9日，广东光复，被举为广东都督。

11月17日，广东军政府成立。

12月21日，到香港迎接从欧洲归来的孙中山。

12月25日，随孙中山抵达上海，由陈炯明代理广东都督。

1912年　34岁

1月3日，在1月1日孙中山就任南京临时政府临时大总统后，任临时政府秘书长。

4月初，南京临时政府解散后，随孙中山到上海、武汉等地。

4月27日，复任广东都督兼民政长，并任中国同盟会广东支部长。

5月25日，通电各方，主张分权各省。

10月10日，举行国庆，检阅广东陆、海军。

1913年　35岁

1月26日，同盟会南方支部易名为国民党粤支部，仍任支部长。

5月1日，通电抗议袁世凯政府非法大借款。

6月14日，被袁世凯免广东都督兼民政长职，改调西藏宣抚使，未就任。

6月20日，通电辞去广东都督兼民政长职，次日离粤赴港。

7月，二次革命爆发，离港赴沪。

8月2日，随孙中山离沪经马尾、基隆，18日到达东京。

1914年　36岁

5月1日，受盟立誓加入中华革命党。

5月10日，《民国》杂志创刊，任主编，撰写发刊词。

7月8日，中华革命党在东京正式成立，任政治部部长。

9月20日，参与制定中华革命党革命方略。

1915 年　37 岁

8 月 14 日，致书杨度，声讨其筹安复辟罪状。

11 月 12 日，偕宋振赴菲律宾筹款和整理党务。

1916 年　38 岁

2 月，返回东京，辅助孙中山筹划讨袁。

4 月，化名陈国荣回到上海，协助陈其美进行讨袁工作。

9 月，受孙中山派遣与廖仲恺赴北京考察政局。

1917 年　39 岁

1 月 19 日，被黎元洪授予智威将军上将衔。

5 月 12 日，各界在上海公祭陈其美，以智威将军上将衔代表黎元洪总统致祭。

6 月，南下广州，联络护法力量。

9 月 10 日，在广州孙中山所成立的护法军政府，任交通总长。

1918 年　40 岁

3 月 13 日，代表粤军参加护法各省联席会议。

5 月 21 日，孙中山辞军政府大元帅职离粤，随行离粤。

11 月下旬，回到广东。

12 月 13 日，受孙中山委派，为南北议和代表。

1919 年　41 岁

2 月 20 日，在上海出席南北和平会议。

7 月 2 日，通电辞南北议和代表。

8 月 1 日，《建设》杂志创刊，任总编辑。在该杂志上陆续发表文章，宣传唯物史观。

1920 年　42 岁

仍在上海办《建设》杂志，并与戴季陶等研究中小学教材。

1921年　43岁

4月8日，接到孙中山促其回粤电报。

5月5日，被孙中山任命为中华民国政府总参议兼文官长及政治部长。

7月25日，广州市民大学开学，任教授，讲授"社会主义伦理学"。

8月7日，奉孙中山之命到南宁与陈炯明商讨北伐事宜。

10月15日，随孙中山出巡广西。

12月4日，任桂林大本营文官长兼政务处长。

1922年　44岁

1—3月，协助孙中山筹划北伐。

6月16日，得知陈炯明兵变，在韶关大本营采取应变措施，欲班师回粤救难，未成。

8月，得知孙中山脱险抵沪，赴沪与之会合。

11月，与汪精卫一起起草国民党改进宣言。

1923年　45岁

1月25日，受孙中山委任就任广东省省长。

1月26日，"江防会议"险遭不测，脱险后离开广东去香港。

2月28日，受孙中山委派驻沪办理南北和平统一之事。

5月，回广州协助孙中山主持后方。

6月1日，代理孙中山大元帅职权。

6月15日，任大本营总参议。

10月25日，国民党临时中央执行委员会成立，为九委员之一。

10月28日，与汪精卫组织国民党上海执行部，负责上海地区的改组事宜。

12月，由粤到沪。

1924年　46岁

1月12日，在广州参加国民党中央临时执行委员会会议，筹划国民党第一次全国代表大会事宜。

1月20—30日，国民党第一次全国代表大会开幕，为大会主席团主席。

2月—5月初，在国民党上海执行部工作，任组织部长。

5月13日，任黄埔军校政治教官，讲授三民主义。

5月20日，代理广州大本营事务。

6月16日，任国民党中央联络部部长。

7月11日，任国民党中央政治委员会委员、军事委员会委员。

9月5日，孙中山出师北伐后，受命留守广州，代行大元帅职权并兼广东省省长。

10月3日，宣誓就任广东省省长，处理商团事件。

11月4日，因孙中山决定北上解决国是，受命代行大元帅职权。

12月下旬，成立军事委员会，商讨东征作战计划，因故未能实施。

1925年　47岁

3月14日，通电前方将领孙中山逝世，墨经从戎，继续奋战。

3月21日，与谭延闿、许崇智等联名通电民众孙中山逝世。

6月，平定刘震寰、杨希闵叛乱。

7月1日，国民政府成立，任外交部部长，卸代理大元帅及广东省长职。

8月25日，因涉嫌廖案，避居黄埔。

9月22日，离粤赴俄。

10月28日，抵莫斯科，受到隆重欢迎。

1926年　48岁

1月1日，被国民党二大选为中央执行委员会常务委员、中央工人部部长。

1月，赴莫斯科拜访苏联斯大林等政要。

2月17日，列席第三国际执行委员会第六次扩大会议并发表演讲。提出国民党加入共产国际，未被接受。

3月13日，离开莫斯科返国。

4月29日，回到广州。

5月3日，出席第138次中央政治会议，报告考察苏联情况。

5月，被解除国民政府外交部部长职。

5月11日，居上海闭门读书，以译述著作维持生计。

1927年 49岁

4月14日，在南京主持召开国民党二届四中全会预备会议。

4月15日，出席国民党中央委员谈话会，决定成立南京国民政府，进行"清党""反共"。

4月18日，南京国民政府成立，代表政府接印，代理国民政府委员会主席，发布第一号命令，通缉共产党首要鲍罗廷、陈独秀等190余人。

5月5日，与吴倚伧在国民党中央常务委员会上提出"清党"六条原则。

5月11日，与蒋介石、吴稚晖在国民党中央政治会议上提出统一口号案，以"肃清"共产党的影响。

6月20日，参加徐州会议，促冯玉祥"反共"，孤立武汉政府。

8月14日，与张静江、蔡元培、李石曾、吴稚晖一起通电随蒋介石一同下野。

9月16日，国民党中央特别委员会成立，列名特委会委员及国民政府常务委员。

1928年 50岁

1月6日，答复蒋介石邀其入京之电，婉拒，称致力于三民主义研究。

1月25日，与孙科等人起程赴欧考察。

3月16日，抵达土耳其，访其政要谈其立国精神。

4—6月，访问法国。

6月3日，在法国向国民党二届五中全会提出《训政大纲案》。

6月18日，由柏林寄回《训政大纲提案说明书》。

8月8日，自法国乘船起程回国。

8月28日，到达香港。

9月3日，到上海，与蒋介石、李石曾、张静江等人商谈合作事宜。

9月18日，与蔡元培等人同车赴南京。

9月20日，国民党中央常务委员会加推其与孙科为国民党中央执行委员会常务委员。

10月，国民政府改组，任立法院院长。

12月5日，宣誓就任立法院长职，提出立法计划，发表《三民主义的立法精神与立法方针》一文。

是年，发表《三民主义连环性》一书。

1929年 51岁

1月，出席国民革命军编遣会议，极力主张整军。

3月18日，出席国民党第三次全国代表大会，致开幕词和闭幕词，当选为国民党中央执行委员会委员及常务委员。

8月，出席军队编遣实施会议，主张加紧编遣。

10月，多次在发表谈话中，批评汪精卫及其"改组派"。

12月5日，在立法院成立一周年之际，撰文总结一年的工作成果。

1930年 52岁

2月，数次发表言论，斥责阎锡山要蒋介石下野的要求。

7月，撰文对北平的"中央扩大会议"及其主要构成人员进行批评。

11月12日，在国民党三届四中全会上致辞，主张有条件地召开国民会议，反对制定约法。

1931年 53岁

1月13日，就召集国民会议发表谈话，坚持主张不能制定约法。

2月28日，应蒋介石邀请赴宴，被拘禁，辞国民政府委员、立法院院长等职。

3月1日，被囚于汤山总司令俱乐部内。

3月8日，回双龙巷寓所被监护。

6月13日，在国民党三届五中全会上被选为中央政治会议委员和国民政府委员，但拒不就任。

7月13日，移居香铺营孔祥熙寓所。

10月14日，结束软禁，离开南京去上海。

10月15日，致电唐绍仪、李宗仁、汪精卫等人提出粤方派代表到上海开和平会议，"共商大计"。

11月24日，应粤四全大会要求，由沪回粤。

12月5日，在粤四全大会上致闭幕词，被推为临时常务执委，领衔通电，促蒋介石下野并解除兵权。

12月28日，国民党四届一中全会被选为中执会常委、中政会常委、国民政府委员，辞不就。

12月，拒绝日本土肥原贤二的拉拢。

1932年　54岁

1月17日，在回复汪精卫等人邀其回京共赴国难的电文中，坚持"在野"主张，

1月30日，支持十九路军抗日，提出武装抗日四项要求。

10月，撰文批评国际联盟调查团在东北问题上的偏见。

1933年　55岁

2月，在香港创办《三民主义月刊》。

11月22日，复电陈铭枢，对福建事变既表同情，又提出批评，表明不合作之态度。

12 月 15 日，为解决国是，提出八项政治主张。

1934 年　56 岁

1 月 22 日，致电国民政府，请停止追击十九路军。

10 月 15 日，发表《为五全大会告同志》，反对国民党召开五全大会。

1935 年　57 岁

6 月 9 日，由香港启程赴欧，先后到达意大利、法国、瑞士等国。

12 月 7 日，国民党五届一中全会上被选为中央执行委员会常务委员会主席。

12 月 29 日，由法国启程返国。

1936 年　58 岁

1 月 19 日，归抵香港，受到南京政府代表和西南军政要员的欢迎。

1 月 25 日，由香港回到广州，受到盛大欢迎。

2 月 22 日，发表对记者谈话，称暂不北上。

5 月 9 日，去妻兄陈融家赴宴，饭后下棋突发脑出血，自知不起，口授遗嘱。

5 月 12 日，病逝于广州颐园。

5 月 25—27 日，全国公祭三天。

6 月 17 日，国民政府命令褒奖国葬。

7 月 13 日，葬于广东城东龙眼洞狮岭斗文塾。